*Gabriele Stöger, Anton Jäger*

Menschenkenntnis – der Schlüssel zu Erfolg und Lebensglück

Gabriele Stöger, Anton Jäger

# Menschenkenntnis – der Schlüssel zu Erfolg und Lebensglück

**orell füssli** Verlag AG

© 2004 Orell Füssli Verlag AG, Zürich
www.ofv.ch
Alle Rechte vorbehalten

Umschlaggestaltung: cosmic Werbeagentur, Bern
Druck: fgb • freiburger graphische betriebe, Freiburg i. Brsg.
Printed in Germany

ISBN 3-280-05072-3

---

**Bibliographische Information der Deutschen Bibliothek**
Die Deutsche Bibliothek verzeichnet diese Publikation in der
Deutschen Nationalbibliographie; detaillierte bibliographische
Daten sind im Internet über *http://dnb.ddb.de* abrufbar.

# Inhalt

# Vorwort

Stellen Sie sich vor, Sie wachen morgen früh im Paradies auf.

Wo immer Sie auch hingehen, werden Sie mit offenen Armen und einem freundlichen Lächeln empfangen. Die Menschen sind geradezu begeistert von Ihnen! Ihre Vorschläge und Anregungen werden enthusiastisch aufgenommen – sogar von Ihrem Chef, der früher meist nur abwinkte. Ärger mit Kollegen gibt es nicht mehr. Schwierige Kunden kennen Sie nicht mehr. Mit Ihrem Beziehungspartner verstehen Sie sich plötzlich (wieder) glänzend. Sogar Ihre Kinder, denen Sie früher alles hundertmal sagen mussten, bevor sie es (widerwillig) endlich taten, hören auf Sie. Beim anderen Geschlecht haben Sie umwerfenden Erfolg, gelten als charmant und souverän, einfach als sympathischer Mensch, den man gerne um sich hat.

Warum wacht nicht jeder von uns bereits morgen schon in diesem Paradies auf? Weil wir uns ans Elend gewöhnt haben. Wir ärgern uns zwar oft darüber, dass in der Beziehung längst nicht alles stimmt, die Kinder unfolgsam, die Kunden schwierig, die Kollegen gedankenlos, die Chefs rücksichtslos und vor allem der Umgang mit schwierigen Kunden und Zeitgenossen stressig, Energie raubend und lästig ist. Doch wir nehmen das resigniert hin: «So ist das eben.» Eben nicht.

Jede(r) von uns könnte morgen schon in diesem Paradies aufwachen. Es fehlt nicht viel dazu; nur eine Kleinigkeit, die sich in einem Wort ausdrücken lässt: Menschenkenntnis. Wer die Menschen kennt, muss sich nicht länger frustriert fragen: «Ja, spinnt der denn jetzt?» Wer die Menschen kennt, weiß, wie sie ticken, kann problemlos mit jedem umgehen und kann seine eigenen Ideen auch durchsetzen. Nicht mehr und nicht weniger leistet Menschenkenntnis – wenn man oder frau darüber verfügt.

Hätten Frauen bessere Menschenkenntnis, müssten viele nicht

hoffen: Beim nächsten Mann wird alles anders (wird es in der Regel nicht). Hätten Männer bessere Menschenkenntnis, würden sie nicht laufend auf denselben Typ «hereinfallen». Hätten Eltern bessere Menschenkenntnis, würden sie mit ihren Kids besser klarkommen – und umgekehrt! Den meisten Menschen, die sich darüber beklagen, dass ihr Chef ein Scheusal ist, fehlt es lediglich an Menschenkenntnis. Es gibt im Übrigen auch keine schwierigen Kunden, sondern lediglich Verkäufer ohne ausreichendes Fingerspitzengefühl – sprich Menschenkenntnis.

In einer Welt voller Menschen ist Menschenkenntnis der Schlüssel zum Erfolg – und zum Lebensglück. Nicht Ihre Schulnoten, Ihre Erfahrung oder Ihre Intelligenz bringen Ihnen den ganz großen Erfolg in dieser Welt, sondern Ihre Fähigkeit, mit Menschen richtig umzugehen. Wenn Sie es «mit Menschen können», kriegen Sie langfristig alles, was Sie sich von ihnen wünschen! Können Sie es nicht, mögen Sie ein Experte in Ihrem Fachgebiet sein. Können Sie es, sind Sie ein erfolgreicher Experte – ein feiner Unterschied. Denn täglich werden die kreativsten, intelligentesten Vorschläge erfahrener und kompetenter Männer und Frauen abgeschmettert oder kalt sabotiert – weil die Menschen ihre Idee nicht akzeptieren. Nicht, weil die Idee nicht gut wäre, sondern weil es gerade den intelligentesten Menschen oft an Menschenkenntnis fehlt.

Aber das wissen Sie längst. Deshalb wollen Sie mehr über Menschenkenntnis erfahren. Wenn Sie dieses Buch nach der letzten Seite zumachen, werden Sie die Menschen verstehen und ihr Verhalten genau vorhersagen können. Sie werden selbst besser bei anderen ankommen, beliebter sein. Sie werden Ihre eigenen Ideen durchsetzen. Sie werden mehr Erfolg haben und glücklicher dabei sein. Sie werden sich täglich das holen, was Sie verdient haben und was Sie sich wünschen.

In einer Welt voller Menschen ist Menschenkenntnis das Geheimnis des Erfolgs. Was ist das Geheimnis der Menschenkenntnis?

# 1. Das Geheimnis der Menschenkenntnis

## Wer die Menschen kennt, hat mehr vom Leben

Seit über zwanzig Jahren trainieren wir Menschen aus allen Lebenslagen und Berufen in Menschenkenntnis. Wir hatten eigentlich erwartet, dass das Thema irgendwann keines mehr ist. Dass irgendwann jede(r) mitbekommen hat, wie erfolgsentscheidend Menschenkenntnis ist und wie einfach sie funktioniert. Wir haben uns getäuscht. Menschenkenntnis wird nicht weniger, sondern immer stärker nachgefragt. Und das hat seinen Grund.

Früher konnte zum Beispiel ein Verkäufer mit guter Produktkenntnis gut in seinem Beruf leben – heute kommt er mit Produktkompetenz allein nicht weit. Denn bei fast identischen Produkten in gesättigten Märkten unter Hyperkonkurrenz verkauft heute das Produkt nur noch zu zehn, die Menschenkenntnis dagegen zu neunzig Prozent.

Früher taten Mitarbeiter, was man ihnen anwies – heute wollen sie motiviert werden (das setzt Menschenkenntnis voraus). Früher heiratete man und lebte dann (oft gezwungenermaßen) zusammen. Heute bleibt man nur zusammen, wenn die Beziehung «funktioniert», die Beziehungspartner also gut miteinander auskommen.

Wenn in unseren Seminaren die Teilnehmerinnen und Teilnehmer erkennen, wie Menschen wirklich «funktionieren», wie sie ticken, was sie bewegt und lähmt, was sie begeistert und kalt lässt, schlagen sich viele vor die Stirn: «Mensch, hätte ich das bloß früher gewusst! Ich hätte mir viel Ärger erspart!» Dem ist nichts hinzuzufügen.

# Das Patentrezept-Paradoxon

Auf unseren Seminaren wollen Teilnehmerinnen und Teilnehmer meist ganz begierig wissen: «Wie muss ich Menschen behandeln, damit sie das tun, was ich will? Welche Menschenkenntnis brauche ich dafür?» Jeder Mensch, der etwas vom Leben erwartet, fragt sich das hin und wieder. Wenn Sie bis heute noch keine brauchbaren Antworten bekommen haben, liegt das nicht unbedingt an den Antworten. Es liegt an den Fragen. Sie sind falsch gestellt.

Denn auf diese Fragen könnte man nur antworten: «Behandeln Sie alle Menschen so: Schritt 1: ..., Schritt 2: ...» Genau das wollen viele Menschen hören: «Das Universalrezept der Menschenkenntnis in fünf einfachen Schritten.» Weil sie so ein Rezept erwarten, behandeln sie Menschen auch so. Der Chef ist zum Beispiel verärgert über die langsamen Fortschritte eines Mitarbeiters und raunzt: «Nun kommen Sie endlich in die Gänge!» Warum tut der Chef das? Weil er es auf den Mitarbeiter abgesehen hat (was die meisten derart aufgeschreckten Mitarbeiter vermuten)? Nein, weil er «Dampf machen» für das Universalrezept der Menschenführung hält. Das sagt ihm seine Menschenkenntnis.

Vor zehn Jahren hat er nämlich einen Azubi «rund gemacht», worauf dieser sich ein Bein für ihn ausriss. Seither glaubt der Chef, dass Rundmachen die beste Motivation ist – er wendet sie bei jedem Menschen an. Vielleicht erkennen Sie die tödliche Logik dahinter: Weil das Rezept bei Mitarbeiter X in Situation A funktionierte, wendet er das Rezept auch bei Mitarbeiter Z in Situation B an. Das verstehen die meisten Menschen unter Menschenkenntnis: «Ich weiß doch, was den Leuten Beine macht», sagt der Chef. «Man muss ihnen eben einheizen!» Leider funktioniert diese übertriebene Verallgemeinerung bei achtzig Prozent seiner Mitarbeiter nicht. Warum nicht?

**Warum Rezepte nicht funktionieren**

- Menschenkenntnis heißt nicht: Gib mir das Rezept, das bei allen Menschen in jeder Situation funktioniert! Dieses Rezept gibt es nicht.
- Mit welchen Standardrezepten behandeln Sie Menschen wann? Machen Sie sich von solchen Rezepten frei.
- Ein Rezept, das beim einen Menschen funktioniert, funktioniert beim anderen nicht (wir merken das oft, aber wir können es uns nicht erklären und schieben es auf den anderen: «Warum kapiert der das nicht?»).
- Warum funktionieren Rezepte nicht? Weil jeder Mensch anders ist.
- Auf einen Blick zu erkennen, worin genau ein Mensch anders ist – das ist Menschenkenntnis.
- Es gibt also nicht ein Rezept für alle Menschen. Aber es gibt für jeden Menschen ein (anderes) Rezept, eben sein ganz persönliches Rezept.

# Das Geheimnis: Jeder ist anders!

Mangelnde Menschenkenntnis heißt, alle Menschen mehr oder weniger gleich, nach (unbewusstem) Rezept zu behandeln. Doch wer Menschen gleich behandelt, muss scheitern – denn sie sind nun mal nicht alle gleich. Logisch, nicht? Warum machen wirs dann ständig? Sind wir am Ende ein bisschen dumm? Nein, im Gegenteil. Wir sind nicht dumm, wir haben das so gelernt.

### Der Generalfehler der Menschenkenntnis

Wenn wir einmal einen Menschen richtig eingeschätzt haben und damit Erfolg hatten, übertragen wir dieses Rezept ganz unbewusst und automatisch auf alle anderen Menschen.

So machte es der oben erwähnte Chef. Vor zehn Jahren raunzte er einen Azubi an und hält das seither unbewusst für die Motivationsmethode schlechthin. Diese Übertragung (Generalisierung) ist ganz offensichtlich falsch. Denn was gestern galt, muss heute nicht mehr gelten, und was für einen Azubi gilt, muss für einen Ingenieur nicht gelten. Das wissen wir. Doch das merken wir meist nicht, weil die Generalisierung eben unbewusst geschieht. Ist das nicht lästig?

Nein, das ist gut so. Unser Gehirn ist so konstruiert, dass es uns Arbeit spart. Wenn wir uns einmal beim Griff auf eine heiße Herdplatte verbrannten, warnt es uns vor dem Griff auf jede heiße Herdplatte. Was tut unser Gehirn da? Es generalisiert eine Erfahrung. Gut so – wenn es um Herdplatten geht. Ganz schlecht, wenn es um Menschen geht. Leider merkt das unser Gehirn nicht von alleine. Es generalisiert einfach munter vor sich hin. Weil es das seit Jahrmillionen schon so macht. Und Sie wissen ja, wie schwer es ist, eine alte Angewohnheit abzulegen.

In dem Moment, in dem wir ganz bewusst diesen Automatismus in unserem Gehirn abschalten und nicht alle Menschen automatisch mit unserem Lieblingsrezept behandeln, werden wir zu Menschenkennern.

### Das Prinzip der Menschenkenntnis

- Menschenkenntnis heißt, den Autopiloten abzuschalten, der uns verleitet, alle Menschen gleich zu behandeln.
- Menschenkenntnis heißt, jeden Menschen so anders zu behandeln, wie er anders ist.

## Versuch und Irrtum klappt nicht

Das Geheimnis der Menschenkenntnis ist relativ simpel: Jeder Mensch ist anders. Menschenkenntnis bedeutet, jeden Menschen so anders zu behandeln, wie er anders ist. Viele Menschen haben das schon erkannt: «Es nutzt offensichtlich nicht immer, wenn ich meinen Mitarbeitern Dampf mache. Also probiere ich es mal mit Prämien.» Ist das Menschenkenntnis? Nein, das ist Trial and Error, Versuch und Irrtum.

Hier wird ein Rezept (das nicht funktionierte) durch ein anderes ersetzt (das nicht funktionieren wird). Meine Kinder folgen mir nicht, wenn ich ihnen etwas hundertmal sage, also probiere ich es einfach mal mit der Androhung von Fernsehverbot (die Kinder reagieren mit Empörung). Mein Partner reagiert sauer, wenn ich am Abend (nur) von meiner Arbeit erzähle, also halte ich abends lieber den Mund – der Partner ist noch stärker verärgert: «Jetzt redest du wohl gar nicht mehr mit mir!»

Wie wir alle wissen, funktionieren diese Ersatzrezepte nicht wirklich – trotzdem verwenden wir sie ständig. Wenn sie dann fehlschlagen, probieren wir eben noch ein neues aus. Manche Menschen spielen dieses fruchtlose Rezeptspiel schon seit Jahren (mit wechselnden Partnern, denn ein und derselbe Partner macht das nicht lange mit). Wenn Sie versuchen, mit Trial and Error herauszufinden, wie ein Mensch tickt, ist in der Regel die Beziehung kaputt, bevor Sie es herausgefunden haben. Wenn Versuch und Irrtum nicht funktionieren, was funktioniert dann?

## Statt Trial and Error: Eigenarten erkennen

Inwiefern jemand anders ist und ich ihn daher behandeln soll, sagen mir seine Eigenarten. Wenn Sie zum Beispiel auf einer Party einen Menschen kennen lernen, der bereits nach den ersten Minuten sehr Privates und Persönliches von sich erzählt, können Sie unmittelbar und unschwer eine Eigenart erkennen: Der neue Gesprächspartner ist kontaktfreudig, offen und erzählt gerne auch sehr Persönliches.

### Menschenkenntnis = Eigenarten kennen

Was einen Menschen anders macht, sind seine Eigenarten. Kennen Sie diese Eigenarten, kennen Sie den Menschen. Das ist Menschenkenntnis.

Diese Menschenkenntnis können Sie nun zu Ihrem (und seinem!) Vorteil einsetzen. Da Sie eben eine seiner Eigenarten erkannt haben, gehen Sie jetzt auf seine persönlichen Geschichten ein, indem Sie zum Beispiel interessiert Fragen stellen. Sie werden den Effekt Ihrer praktizierten Menschenkenntnis sofort beobachten können. Sie werden umgehend für Ihre praktizierte Menschenkenntnis belohnt: Das Gesicht Ihres Gegenübers hellt sich auf, seine Stimmung steigt, er fühlt sich sichtlich wohl in Ihrer Gegenwart. Eben weil Sie sich als guter Menschenkenner zeigen. Sie müssen noch nicht einmal im Gegenzug Persönliches von sich selbst preisgeben, nur weil der Gesprächspartner das tut. Möglicherweise liegt Ihnen das auch gar nicht, weil Sie nicht so offen und kontaktfreudig sind wie er (Sie haben eben andere Eigenarten). Schon allein dadurch, dass Sie seine Eigenart erkannt haben und auf diese eingehen können, haben Sie einen neuen Freund gewonnen.

### Menschenkenntnis = mit Eigenarten rechnen

Menschenkenntnis heißt nichts anderes, als
- die Eigenarten des anderen zuverlässig zu erkennen und
- aktiv mit ihnen zu rechnen und sich darauf einzustellen.

Menschen mit Menschenkenntnis haben zwar eine geradezu magische Wirkung auf andere Menschen. Doch die Funktionsweise von Menschenkenntnis hat überhaupt nichts Geheimnisvolles an sich. Im Gegenteil. Sie ist einfach – wie alles Geniale: Kennen Sie die Eigenarten eines Menschen, dann wissen Sie auch, wie Sie prima mit ihm oder ihr zurechtkommen.

# Analysieren, nicht ärgern!

Hört sich alles ganz einfach an, nicht wahr? Man muss lediglich die Eigenarten eines Menschen kennen, und schon ist man/frau ein Meister der Menschenkenntnis! So einfach ist das? In der Tat. Die Sache hat nur – Sie ahnen es – einen Haken.

### Der Haken an der Menschenkenntnis: Ärger und Bequemlichkeit

Normalerweise erkennen wir die Eigenarten von Menschen nicht – wir regen uns darüber auf!

Wenn der Chef uns sagt: «Für die Präsentation morgen brauche ich noch ein Dutzend zusätzlicher Schaubilder», obwohl wir ihm bereits ein Dutzend geliefert haben, ärgern wir uns natürlich ganz spontan: «Muss er das denn jetzt wieder bis aufs letzte Detail mit Grafiken versehen haben?» Anstatt dass wir uns fragen: «Warum ist ihm das wichtig? Welche typische Eigenart steht dahinter? Und wie gehe ich sinnvollerweise damit um?» Wir erkennen: Ärger blockiert. Wer sich ärgert, kann seine Menschenkenntnis nicht anwenden. Deshalb ist es wichtig, dass wir uns von diesem unproduktiven Ärger befreien.

### Die wichtigste Voraussetzung: Ärgerfreier Blick

Wenn Sie jemand ärgert, verschaffen Sie sich geistig Abstand von der Situation, betrachten Sie sie quasi von außen und fragen Sie sich:
* Einmal abgesehen von meinem Ärger – welche typische Eigenart zeigt mir der andere gerade? Wie kann ich sinnvoll damit umgehen?
* Merkspruch: Statt ärgern – analysieren.

## Spocks Prinzip: «Faszinierend!»

Wie reagieren wir, wenn wir eine Eigenart eines anderen Menschen erkennen? Entweder mit Ärger (s. o.) oder mit Ablehnung: «Der isst tatsächlich Senf zum Marmeladenbrot – igitt!», «Wie kann man denn bloß so umständlich sein?», «Warum muss sie zu jedem Termin zu spät kommen?» Das heißt, selbst wenn wir uns über die Eigenarten eines Menschen nicht ärgern, lehnen wir sie immer dann ab, wenn sie von unseren eigenen abweichen. Nichts Fremdes ist uns menschlich. Denn selbstverständlich halten wir unsere eigenen Eigenarten für die einzig richtigen auf der Welt. Das hat nichts mit Arroganz zu tun. So ist nun eben mal die Software in unserem Gehirn programmiert. Jeder Mensch wird mit der Fähigkeit geboren, seine eigenen Eigenarten als das Maß aller Dinge anzusehen. Deshalb reagieren wir oft spontan und unbewusst mit Ablehnung, wenn wir fremden Eigenarten begegnen.

## Das Geheimnis der Sympathie

Jetzt wissen Sie auch, warum uns Menschen sympathisch sind: Alle, die dieselben oder ähnlichen Eigenarten haben wie wir, finden wir automatisch sympathisch. Oder wie der Brite sagt: *People that are like each other, like each other.* Was sich gleicht, mag sich. Gemeinsamkeiten verbinden. Nur es mit jenen Menschen zu können, die einem sympathisch sind, ist jedoch leider das Gegenteil von Menschenkenntnis. Wer es nur mit Menschen kann, die ihm sympathisch sind, tappt in die Sympathie-Falle.

Es gibt jedoch ein ganz einfaches Hilfsmittel gegen die Sympathie-Falle:

## Spocks Prinzip

Wer Raumschiff Enterprise kennt, kennt Spock. Während seine Crew-Kollegen die Nase rümpften «Igitt, ein Alien, das mit den Ohren spricht» (Ablehnung einer Eigenart), fand Spock alles Fremde einfach «faszinierend!» (Akzeptanz der Eigenart). Eignen Sie sich diese Denkweise an, und Sie werden alle Menschen auf Anhieb gut verstehen und glänzend mit ihnen zurechtkommen.

Wenn Ihr Partner also seine getragenen Socken über die ganze Wohnung verstreut, maulen Sie ihn nicht an (dass das nicht hilft, haben Sie auch schon bemerkt). Sehen Sie ihn in diesem Augenblick erst einmal wie eine fremde, aber faszinierende außerirdische Spezies an. Das ist ein gedanklicher Trick, der nach drei, vier Anläufen tadellos funktioniert. Dabei sagen Sie sich ganz bewusst: «Aha. Eine seiner charakteristischen Eigenschaften ist also das Sockenstreuen. Faszinierend! Lasst uns das mal näher betrachten. Warum, weshalb, wozu ist diese Eigenart aus seiner Sicht offensichtlich gut für ihn, und wie können wir zu einer friedlichen Koexistenz auf diesem Planeten gelangen?» Das spricht von Menschenkenntnis. Alles andere sind Vorurteile: «Der ist einfach nur faul, schlampig und nicht ganz stubenrein.» Vorurteile und Vorwürfe helfen nicht weiter. Menschenkenntnis schon.

Spocks Prinzip hat nichts mit Toleranz zu tun. Sie sollen nicht tolerieren, dass hier einer Ihre schöne Wohnung verunstaltet. Sie sollen lediglich die dahinterstehende Eigenart erkennen – denn wenn Sie das nicht tun, hört er nie damit auf! Eigenarten, die abgelehnt werden, intensivieren sich (Trotzreaktion). Eigenarten, die man im ersten Schritt akzeptiert, können im zweiten Schritt verändert werden, weil man den anderen mit den eigenen Vorwürfen nicht erst auf den Baum treibt (Trotzreaktion). Das ist Menschenkenntnis. Deshalb sagen die Philosophen: Man kann nur ändern, was man akzeptiert. Ablehnung ändert nichts.

Die Eigenarten, die uns am anderen stören, zunächst einmal wie Spock als faszinierend zu betrachten, ist nicht nur die einzige Möglichkeit, dem üblichen Beziehungskrach zu entgehen und die Situation vernünftig zu klären. Sich vom anderen faszinieren zu lassen, ist darüber hinaus ein wunderbares Vergnügen. Warum? Weil der andere, über den wir uns manchmal aufregen, gerade jene Eigenarten hat, die wir nicht in dem Maße haben. Gegensätze ziehen sich an, wie der Volksmund sagt.

### Ergänzung statt Ärger

Die Eigenarten, die uns am anderen aufregen, sind oft jene, die unsere eigenen Eigenarten am besten ergänzen. Sich ergänzen ist besser, als sich zu ärgern!

Ein Beispiel dazu. Zwar hält sie ihn manchmal, wenn sie sich über ihn aufregt, für einen gefühlskalten, typischen Macho. Doch sobald sie ihren spontanen Ärger bewusst beiseite schiebt und seine kühle Sachlichkeit einmal bewusst faszinierend findet, fällt ihr sofort ein, dass sie heimlich vom ersten Augenblick an ihm bewunderte, dass er selbst stressigste Situationen ganz unbeeindruckt, kühl und souverän meistert, während sie sofort völlig aus dem Häuschen ist und nicht mehr klar denken kann.

Er seinerseits regt sich zwar oft darüber auf, dass sie so launisch und wechselhaft ist. Doch wenn er diesen Ärger bewusst beiseite schiebt und diese Eigenart unvoreingenommen faszinierend findet, fällt ihm sofort ein, dass er gerade das oft genug an ihr schätzt: Dass sie so unglaublich emotional und tiefgründig, so erfrischend aufbrausend und gefühlsbetont sein kann. Das mag er, das kann er selbst nicht so toll – deshalb ergänzt sie ihn wunderbar. Beide ergänzen sich im Grunde prima. Sobald ihre Menschenkenntnis ausreicht, das zu erkennen, überwinden sie den Ärger über die «störenden» Eigenarten des anderen und finden wieder zueinander. Menschenkenntnis ist die ideale Beziehungspflege. Sie zeigt uns, dass wir uns nicht gegenseitig über uns ärgern müssen, sondern uns im Grunde wunderbar ergänzen. Jenseits des Ärgers beginnt das Beziehungsglück.

## Das Stigma der Bequemlichkeit

Neben dem spontanen Ärger über und die spontane Ablehnung von menschlichen Eigenarten gibt es noch ein drittes Hindernis für Menschenkenntnis: Bequemlichkeit. Es ist eben bequemer, einem Menschen sofort einen Stempel aufzudrücken, wenn er mal wieder etwas «Typisches» macht: «Typisch Mann! So was von unhöflich!» «Er ist eben ein alter Rechthaber!», «Ein alter Gaul lernt keine neuen Tricks mehr», «Warum ist sie so zickig?»

Solche Abstempelungen sind zwar sehr bequem. Doch wenn Sie Menschen kennen, verstehen und nach Ihren eigenen Wünschen beeinflussen möchten, sollten Sie damit aufhören. Stempel sind zwar bequem, aber sie funktionieren nicht.

Natürlich ist es im ersten Moment unbequem, sich erst einmal zu überlegen: «Welche Eigenart zeigt er/sie mir gerade? Und wie sollte ich ihn/sie deshalb behandeln, damit wir prima klarkommen?» Doch diese kleine Anstrengung werden Sie sofort vergessen, weil Sie reichlich dafür belohnt werden: Sobald Sie auf die Eigenarten eines Menschen eingehen, kommen Sie hundertmal besser mit ihm klar, als wenn Sie ihn bequem abstempeln. Probieren Sies aus. Sie werden es erleben.

## Auf einen Blick:
## Das Geheimnis der Menschenkenntnis

- Behandeln Sie Menschen nicht nach Rezepten. Das funktioniert nicht (wie Sie schon bemerkt haben werden).
- Das Geheimnis der Menschenkenntnis: Jeder Mensch ist anders und sollte deshalb auch anders behandelt werden.
- Was einen Menschen anders macht, sind seine Eigenarten.
- Kennen Sie seine Eigenarten, können Sie ihn verstehen, beeinflussen und durchschauen.
- Gewöhnen Sie sich ab, sich über Eigenarten von Menschen aufzuregen oder sie für falsch zu halten.
- Sie sind nicht falsch – sie sind nur anders als Ihre!
- Ärgern Sie sich nicht über Eigenarten – rechnen Sie mit ihnen. Das ist Menschenkenntnis.

# 2. Hier ist Ihre Röntgenbrille

## Vier Eigenarten = eine Röntgenbrille

Jeder Mensch ist anders. Jeder Mensch hat unzählige verschiedener Eigenarten, deren Kombination ihn einmalig macht. Um einen Menschen perfekt verstehen, durchschauen und beeinflussen zu können, müssen Sie nicht sämtliche dieser vielen Eigenarten kennen, sondern nur wenige – eben die charakteristischen. Das sind weniger, als Sie vielleicht annehmen: Schon vier der typischen Eigenarten genügen, um einen Menschen zu durchschauen und prima mit ihm klarzukommen. Diese zentralen Eigenarten erkennen Sie mit unserer Röntgenbrille, um die es in diesem Kapitel geht.

Warum ist Menschenkenntnis so einfach? Warum können wir uns auf nur vier zentrale Charakteristika eines Menschen beschränken, um ihn wirklich gut zu kennen? Weil es sozusagen wichtige und weniger wichtige Eigenarten von Menschen gibt. Schon mit Ihrer derzeitigen Menschenkenntnis werden Sie viele Eigenarten an den Menschen in Ihrer Umgebung feststellen können. Sie haben zum Beispiel schon erkannt, dass bestimmte Menschen Wein-, andere eingeschworene Biertrinker sind. So besitzen alle ihre jeweiligen Vorlieben, die zur Persönlichkeit gehören.

### Entscheidende Menschenkenntnis

Wenn Sie entdecken, dass Ihr Chef Weintrinker ist, wächst damit Ihre Menschenkenntnis. Trotzdem ist diese spezielle Kenntnis unnütz, wenn Sie von ihm eine Gehaltserhöhung wollen. Mit dem Wissen über seine Trinkgewohnheiten können Sie nicht vorhersagen, wie er auf Ihren Wunsch reagiert (es sei denn, Sie wollen ihn mit einem guten Tropfen bestechen – was nicht sehr aussichtsreich ist). Was Sie brauchen, ist vielmehr eine Menschenkenntnis, mit der Sie zuverlässig vorhersagen können, wie Sie Ihren Wunsch formulieren müssen, damit Ihr Gehaltswunsch beim Chef die größten Chancen hat.

Wenn Sie wissen, dass Ihr Chef ein Realist, ein eher detailorientierter Mensch (s. u.) ist, wissen Sie automatisch, dass er umso positiver auf Ihren Wunsch reagieren wird, je detaillierter Sie ihn begründen. Deshalb bekommt von zwei gleich qualifizierten Menschen der eine die Gehaltserhöhung, der andere nicht. Nicht weil der Bevorzugte besser oder fleißiger wäre, sondern weil er weiß, wie man mit dem Chef umgehen muss. Das ist echte Menschenkenntnis.

### So beeinflussen Sie Menschen

Wenn Sie etwas von jemandem möchten, finden Sie heraus, welche entscheidenden Eigenarten er hat. Gehen Sie auf diese Eigenarten ein, tut er, was Sie wünschen.

Ausführlich befassen wir uns mit der Beeinflussung von Menschen in Kapitel 5 (Seite 113 ff.).

# Die vier entscheidenden Verhaltensmuster

Es gibt Eigenarten an jedem Menschen, die recht unterhaltsam sind: Weintrinker, Augenfarbe. Und es gibt Eigenarten, die entscheidend sind: Detailliebe zum Beispiel. Mit solchen Schlüsseleigenarten lässt sich das Verhalten von Menschen hervorragend verstehen, erklären, beeinflussen und vorhersagen. Aus vier dieser typischen Verhaltensmuster ist unsere seelische Röntgenbrille konstruiert.

## Vier Verhaltensmuster für die Röntgenbrille

Sie durchschauen einen Menschen, wenn Sie Kenntnis besitzen über
* sein Kontaktverhalten: Wie kontaktfreudig ist er?
* sein Denkverhalten: Denkt er eher realistisch oder eher visionär?
* sein Entscheidungsverhalten: Entscheidet er eher aus dem Bauch heraus, oder ist er eher ein kühler Denker?
* sein Organisationsverhalten: Ist er gut organisiert oder eher spontan und flexibel?

Schon auf den ersten Blick erkennen Sie, dass man mit diesen vier Charakteristika einen Menschen in seinem Wesenskern umfassend beschreiben und verstehen kann. Sie können damit nämlich erklären und vorhersagen, wie dieser Mensch sich im Umgang mit anderen verhält, wie er denkt, entscheidet und sich organisiert – viel mehr macht ein Mensch in seinem Leben nicht! Wenn Sie diese vier Dinge über einen Menschen wissen, wissen Sie alles über ihn. Zumindest alles, um ihn verstehen, durchschauen, vorhersagen und beeinflussen zu können.

## Matrix der Verhaltensmuster

| Verhaltensmuster | Entweder ... | Oder ... |
|---|---|---|
| Kontaktverhalten | introvertiert | extravertiert |
| Denkgewohnheit | realistisch | visionär |
| Entscheidungs-verhalten | Kopfmensch | Bauchmensch |
| Ordnungsverhalten | strukturiert, überlegt | flexibel, spontan |

In der Matrix sind die vier entscheidenden Verhaltensmuster bipolar angegeben: entweder Kopfmensch oder Bauchmensch. Natürlich gibt es zwischen diesen beiden Polen fließende Übergänge. Jeder Mensch hat immer von beiden Polen etwas – sonst wäre er nicht lebensfähig. Entscheidend ist, in welcher «Mischung» er von beidem hat – gerade das macht jeden Menschen anders und einzigartig. Manche Menschen sind bezüglich der beiden Pole sehr ausgeglichen: Sie haben von beiden Mustern jeweils annähernd gleich viel. Andere haben von einer Seite viel und von der anderen wenig. Das macht sich im Verhalten des Menschen natürlich sehr stark bemerkbar. Und zu jedem Zeitpunkt können Sie als guter Menschenkenner mit Röntgenbrille sagen, welches Verhaltensmuster gerade bei einem Menschen dominiert. Indem Sie dieses Verhaltensmuster erkennen, durchschauen Sie ihn.

Die vier Verhaltensmuster der Röntgenbrille sind nicht neu für Sie. Denken, Entscheiden, Organisieren und Kontaktaufnahme sind keineswegs erst gestern entdeckt worden. Diese Muster sind auch nicht kompliziert. Gerade deshalb können Sie damit jeden Menschen durchschauen und vorhersagen – eben weil diese Verhaltensmuster so einfach sind. Wie Sie Ihre Röntgenbrille richtig einsetzen, erfahren Sie jetzt.

## So justieren Sie die Röntgenbrille

Hatten Sie schon mal eine optische Brille? Oder besitzen Sie ein Fernglas? Dann wissen Sie: Man muss das Fernglas oder die Brille zuerst an die Augen des Benutzers anpassen – sonst sieht dieser nur verschwommen. Bei der seelischen Röntgenbrille ist es ebenso.

Wenn Sie einen Menschen durchschauen und beeinflussen wollen, sollten Sie die Röntgenbrille vorher justieren. Für diese Justierung betrachten wir einen typischen Fall für Menschenkenntnis: Sie regen sich manchmal über die «Erbsenzähler» in der Firma oder in Ämtern und Behörden auf. Oder: Sie regen sich manchmal über die «Fantasten» auf, die tolle Ideen haben – aber die Umsetzung immer anderen aufbürden.

Wie geht man am besten mit solchen Haarspaltern und Träumern um? Wie ticken sie? Das hängt davon ab, wie Sie funktionieren. Wenn

Sie sich regelmäßig über Erbsenzähler aufregen, erkennen Sie allein daran, dass Sie wohl keiner sind! Sie sind eher das Gegenteil davon! Wenn Sie sich immer wieder über Fantasten aufregen, dann sind Sie eher das Gegenteil. Sobald Sie dies erkannt haben, haben Sie Ihre Röntgenbrille richtig justiert.

### Die Gegenseitigkeit der Menschenkenntnis

Sie können andere nur so gut verstehen, wie Sie sich selbst verstehen.

Wenn Sie also andere verstehen wollen, finden Sie zuerst heraus, wie Sie selbst ticken – sonst funktioniert die Brille entweder nicht oder liefert verzerrte Bilder! Das meinte das Orakel zu Delphi, als es sagte: Nosce te ipsum! Erkenne dich selbst! Erst wer sich selbst erkannt hat, kann andere durchschauen.

Menschen zu durchschauen, geht nicht auf den ersten Blick. Gerade deshalb hat man die Röntgenbrille erfunden. Sie funktioniert, indem sie sich nicht auf den verräterischen ersten Blick verlässt, sondern mehrere Eindrücke zu einer zuverlässigen Diagnose verdichtet. Vier dieser Eindrücke betrachten wir jetzt für das Erkennen des ersten Verhaltensmusters: Kontaktverhalten. Wie erkennen Sie, wie kontaktfreudig ein Mensch ist? Ist das wichtig? Ja. Warum, sehen wir gleich.

## Extra- oder introvertiert?

Um einen Menschen zu verstehen und zu beeinflussen, müssen Sie wissen, wie sein Kontaktverhalten ist – sonst finden Sie erst gar keinen Kontakt zu ihm oder kriegen Stress und Ärger, weil Sie die falsche Art der Kontaktaufnahme anwenden! Betrachten wir ein Beispiel:

Isabell ist sauer, denn der neue Kollege, den der Chef eingestellt hat, hat in vier Wochen keine drei zusammenhängenden Sätze mit dem Team gewechselt. Was halten Sie von so einem Kollegen? Sie finden ihn äußerst unkollegial? Das findet Isabell auch, sie schneidet den neuen Kollegen brüskiert. Prompt schneidet dieser zurück.

An diesem Beispiel sieht man, wie klimavergiftend und produktivitätsvernichtend sich mangelnde Menschenkenntnis auswirkt, wie dringend Isabell eine seelische Röntgenbrille bräuchte. Denn an Isabells Stress mit dem neuen Kollegen ist nicht der neue Kollege schuld, sondern ihre mangelnde Menschenkenntnis. Es ist keineswegs so, dass er «unkollegial» und «teamunfähig» ist – er ist lediglich introvertiert (lateinisch für: in sich gekehrt)! Er braucht eben eine Menge Anlaufzeit, um mit anderen Menschen warm zu werden. Wenn er etwas bereden will, denkt er die Sache erst einmal für sich alleine durch, bevor er andere darauf anspricht. Er schaut viel lieber eine Zeit lang von außen zu, bevor er sich irgendwo einbringt.

Isabells ganze Abteilung besteht aus stark extravertierten Kollegen. Tragisch, dass der Chef zu wenig Menschenkenntnis hat und ausgerechnet in einer extrem extravertierten Abteilung einen Introvertierten einstellt. Das muss ja Probleme geben! Man sieht daran, was passiert, wenn Chefs die weichen Schlüsselqualifikationen vernachlässigen.

### «Falsch» ist nicht richtig!

Isabell hält es für falsch, dass der neue Kollege so wortkarg ist. Dieser Versuchung erliegen wir alle. Alles, was von unseren eigenen Eigenarten abweicht, halten wir ganz automatisch für falsch oder seltsam, wenn nicht sogar für verdächtig oder gefährlich. Oder wie Mick Jagger singt: *«He can't be a man 'cause he doesn't smoke the same cigarettes as me!»*

Als Isabell gezwungenermaßen mit dem neuen Kollegen ein Projekt abwickeln muss, erkennt sie, dass das, was sie am neuen Kollegen für «falsch» hielt, nur anders ist. Mit der Zeit taut der «teamunfähige» Kollege nämlich auf – wie alle Introvertierten, die eben eine lange Aufwärmzeit benötigen. Isabell ist erstaunt: «Der ist gar nicht so übel. Und zuhören kann der!» Stimmt, das ist die große Gabe der Introvertierten.

Sie sehen: Das Kontaktverhalten ist ein eminent wichtiges Verhaltensmuster. Wie ist Ihr Kontaktverhalten? Wer in Ihrer Familie ist eher extra-, wer introvertiert? Welche Ihrer Kollegen sind extra-, welche introvertiert? Was ist Ihr Chef? Sie können das nicht auf Anhieb sagen? Dann haben Sie inzwischen eine gute Menschenkenntnis. Denn als Menschenkenner wissen Sie, dass man nicht aus dem Stand heraus sagen kann, ob einer extra- oder introvertiert ist. Man muss das erst herausfinden. Mit der Röntgenbrille.

Benutzen Sie Ihre Röntgenbrille! Die Brille zu benutzen, heißt: Fragen stellen. Wenn Sie die folgenden Fragen beantworten, überlegen Sie nicht, was richtig oder falsch ist. Denn es gibt kein Richtig oder Falsch. Je länger Sie nachdenken, desto trüber wird die Röntgenbrille, desto verwässerter Ihre Einschätzung von sich selbst. Wenn Sie unschlüssig sind, kreuzen Sie einfach das an, was eher auf Sie zutrifft. Kreuzen Sie nicht an, wie Sie sich gerne sehen, sondern wie Sie sind.

Die folgenden Fragen sind an Sie gerichtet, dienen also der Selbsteinschätzung, der Justierung Ihrer Röntgenbrille. Sie können mit diesen Fragen aber auch jeden anderen Menschen einschätzen, indem Sie sich fragen: «Tut er eher ... oder vielmehr ...? Ist er vielleicht ... oder eher ...?» Wenn Sie den Menschen gut kennen, können Sie ihm die eine oder andere Frage auch direkt stellen. Danach wissen Sie, wie er funktioniert. Sie kennen sein Verhaltensmuster. Sie haben ihn per Röntgenblick durchschaut.

1. Wenn Sie sich in ein neues Wissensgebiet, ein neues Thema einarbeiten müssen oder wollen, wie lernen Sie am liebsten?
   ☒ a) Ungestört, für mich alleine, mit einem guten Lehrbuch oder Lernprogramm.
   ☐ b) In einer Lerngruppe, einem Kurs oder Seminar.

2. Sie kommen auf ein Meeting, eine Party, einen Empfang, eine Tagung oder ein Seminar. Sie kennen dort einige Leute, viele jedoch nicht. Sie werden von Bekannten wie Unbekannten gleichermaßen angesprochen. Wobei fühlen Sie sich wohler?

☒ a)  Wenn ich mit alten Bekannten rede.
☐ b)  Wenn ich von neuen Gesichtern angesprochen werde.

3.  Sie werden mit einer großen, herausfordernden neuen Aufgabe betraut. Wie gehen Sie an diese Herausforderung heran?

☒ a)  Ich ziehe mich erst einmal an meinen Schreibtisch zurück und mache mir Gedanken über das Vorgehen.
☐ b)  Ich rede erst mal mit Kollegen, Experten und Fachleuten, wie man am besten an die Sache herangehen könnte.

4.  Sie reisen im Zug. In Ihrem Abteil sind vier Mitreisende. Wie verbringen Sie die Reisezeit?

☒ a)  Ich beobachte, was die anderen so machen und/oder lese etwas und/oder betrachte die vorüberziehende Landschaft.
☐ b)  Ich habe am Ende meiner Reise mit mindestens drei der Mitreisenden ein Gespräch geführt.

Vorsicht, die Versuchung lockt! Gerade bei Frage 2 verführen die persönlichen Umstände zur Falschaussage. Wer zum Beispiel Führungskraft oder im Außendienst ist, beantwortet die Frage oft nach dem, was von ihm oder ihr erwartet wird: «Ich muss in meinem Beruf kontaktfreudig sein!»

Prompt verwechselt man Erwartung mit Eigenart und kreuzt das Falsche an. Nicht das, was man ist, sondern das, was von einem erwartet wird.

### Das Erwartungsprinzip der Menschenkenntnis

Menschenkenntnis bedeutet, Erwartungen von Eigenarten unterscheiden zu können. Wenn Sie zum ersten Mal einem Topmanager begegnen, erwarten Sie vielleicht automatisch, dass er ein kühner Unternehmer und Visionär ist (= Erwartung). Vielleicht ist er aber ein besessener Detailarbeiter (= Eigenart). Lassen Sie sich nicht von Ihren eigenen Erwartungen blenden. Steuern Sie Ihre Wahrnehmung mit innerem Dialog: «Okay, das ist es, was ich von ihm erwarte. Aber wie ist er wirklich?» Die Basis jeder Menschenkenntnis ist ein klarer Blick. Also eine von Erwartungen ungetrübte Wahrnehmung. Schauen Sie auf das, was ist, nicht auf das, was Sie erwarten.

Wenn Sie die vorigen vier Fragen danach beantwortet haben, was Sie tatsächlich bevorzugen (nicht wie Sie sein wollen oder zu sein glauben), hat sich bei Ihnen eine Tendenz abgezeichnet: Wenn Sie zu den Antworten unter a) neigen, sind Sie eher introvertiert. Wie die unsterbliche Greta Garbo einmal sagte: «Manche von uns möchten lieber für sich sein.»

Viele Kreuzchen bei b) zeigen Extraversion an. Extravertierte sind lieber unter Menschen und schöpfen neue Kraft aus dem Kontakt mit anderen. Introvertierte erholen sich dagegen nach einem stressigen Tag lieber und besser im stillen Kämmerlein oder beim Solo-Spaziergang. Extravertierte finden den Kontakt mit vielen fremden Menschen erholsam und schön. Introvertierte finden Menschenmengen eher anstrengend. Introvertierte wollen im Urlaub Kultur, Landschaft oder Historie des Urlaubslandes kennen lernen – Extravertierte wollen das zwar auch, aber noch viel mehr wollen sie möglichst viele Kontakte zu Einheimischen bekommen. Der Extravertierte lebt für Kontakte, der Introvertierte eher für die Anschauung. Intro- und Extraversion sind nicht Wertungen, sondern Eigenschaften. Introvertierte Menschen sind genauso intelligent, erfolgreich und glücklich wie extravertierte.

Sie sind sich unschlüssig, zu welchem Verhaltensmuster Sie tendieren? Lesen Sie öfter mal im stillen Kämmerlein ein gutes Buch, gehen aber genauso gerne und oft mit neuen Menschen aus? Dann wissen Sie: Beide Tendenzen sind bei Ihnen gleich stark ausgeprägt. Auch das gibt es. Auch das ist gut und nützlich.

### Das Erkenntnisprinzip der Menschenkenntnis

Es ist nicht von Bedeutung, welche Verhaltensmuster Sie haben. Denn jedes Muster hat ebenso viele Vor- und Nachteile. Es ist dagegen von überragender Bedeutung, dass Sie Ihre Muster – wie immer sie sein mögen – erkennen. Das ist Menschenkenntnis.

Sobald Sie mit Ihrer seelischen Röntgenbrille das Kontaktverhalten diagnostizieren können, wird Ihr Leben leichter und schöner. Falls Sie bei sich selbst Introversion erkennen, können Sie danach mit einem einzigen Satz den ewigen Ärger nach Feierabend beseitigen: «Schatz, ich brauche nach der Arbeit einfach meine dreißig Minuten im Hobbykeller, um mich von der Arbeit zu erholen – danach bin ich ganz für dich und die Kinder da.» Dasselbe gilt, wenn Sie eher extravertiert sind: «Ich muss einfach für zwei Stunden raus aus dem Haus, sonst falle ich dir doch nur auf die Nerven! Danach machen wirs uns schön. Einverstanden?»

Sobald Sie dank Röntgenbrille das Kontaktmuster eines Menschen erkennen, vermeiden Sie auch die ständigen Unfälle im Alltag wie:

- «Warum hat unser neuer Kollege ständig seine Bürotür zu? Hält der sich für was Besseres?» Nein, er ist lediglich introvertiert. Wenn Sie ihm aber weiterhin implizit vorwerfen, sich für was Besseres zu halten, wird er bald wirklich die Nase über Sie rümpfen. Mangelnde Menschenkenntnis zerstört das Betriebsklima.

- «Wenn du von der Arbeit nach Hause kommst, interessierst du dich nur für deine … (Zeitung, Hobby, TV …). Das ist dir wichtiger, als ich es dir bin!» Das stimmt einfach nicht – er ist lediglich introvertiert und braucht seine dreißig Minuten Zurückgezogenheit, um aufzutanken. Wenn Sie sie ihm nicht gönnen, kann es jedoch sein, dass er Sie bald wirklich nicht mehr liebt. Wir erkennen daran: Mangelnde Menschenkenntnis (zer)stört Beziehungen!

- «Du liebst deine Familie weniger als deine doofen Freundinnen!» Nein, sie liebt die Familie über alles – aber sie braucht ihren Freundeskreis, um aufzutanken. Wenn er ihr das nicht gönnt, wird sie ihm bald seine Hobbys madig machen. Mangelnde Menschenkenntnis verursacht Beziehungsstress.

- «Warum ziehe ich mich an den Wochenenden immer so in mein Schneckenhaus zurück? Sollte ich nicht viel mehr unter die Leute gehen?» Nicht unbedingt. Sie sind introvertiert und verhalten sich so vernünftig (das heißt stimmig), wie man/frau sich nur verhalten kann. Erst wenn Sie sich diese Zurückgezogenheit nicht mehr gönnen, werden Sie krank – vor lauter Stress. Mangelnde Menschenkenntnis macht krank, auch mangelnde Selbsterkenntnis.

* «Warum tanze ich jeden Abend auf drei Hochzeiten? Bin ich tatsächlich ein so oberflächlicher Mensch, wie mein Vater immer sagt?» Nein, Sie sind extravertiert und ein total normaler Mensch – Ihr Vater hat lediglich zu wenig Menschenkenntnis. Schenken Sie ihm dieses Buch. Übrigens: Sie wissen jetzt auch, welches Kontaktmuster Papa hat, nicht wahr? Also können Sie ihm nicht allzu böse sein. Alles verstehen heißt, alles verzeihen.

Am letzten Beispiel erkennen wir auch: Es gibt den viel beschworenen Generationenkonflikt eigentlich nicht. Es gibt nur mangelnde Menschenkenntnis. Wenn ich «meine Alten» verstehe, verstehe ich mich automatisch gut mit ihnen. So nützlich ist die Röntgenbrille.

Ihre Röntgenbrille ist nun mit einem Diagnosestrahl ausgestattet. Sie können eines von vier typischen Verhaltensmustern an sich und anderen Menschen erkennen: Introversion oder Extraversion. Fügen wir eine zweite Diagnosefähigkeit hinzu.

## Realist oder Visionär?

Wenn Sie sich jemals über «Haarspalter» oder schrecklich umständliche Menschen aufgeregt haben oder wenn Sie sich über «Spinner» aufregen, die tolle Ideen in die Runde werfen, deren unbequeme Realisierung aber elegant anderen überlassen (zum Beispiel Ihnen), dann wissen Sie, wie wichtig es ist, Menschenkenntnis zu erwerben, um auch mit solchen Typen richtig umspringen zu können. Kurz: Sie haben die elementare Bedeutung des zweiten Verhaltensmusters entdeckt: Denkgewohnheiten.

Wieder gilt: Die folgenden Fragen schnell, ehrlich und ohne viel nachzudenken beantworten. Kreuzen Sie die Antwort an, die nicht Ihrer Wunschvorstellung, sondern Ihren Gewohnheiten entspricht.

1. Sie kaufen bei Ikea einen drei Meter langen Wohnzimmerschrank mit Glastüren, Regalbrettern, aufwändiger Rahmenkonstruktion – also eine recht anspruchsvolle Aufgabe für den Zusammenbau. Wie gehen Sie vor?

   ☐ a) Ich lese erst mal die Bauanleitung und sortiere das ganze Material.
   ☐ b) Ich fange gleich mit den ersten Handgriffen an – so schwer kann das ja nicht sein.

2. Ihr Chef hat zwei Projekte zu vergeben, von denen Sie eines übernehmen sollen. Dem Chef ist es egal, welches – Hauptsache, es wird erledigt. Das eine Projekt ist totales Neuland für Sie, beim anderen haben Sie bereits Erfahrung mit ähnlichen Projekten. Welches wählen Sie?

   ☒ a) Jenes, bei dem ich auf meine Erfahrung bauen kann.
   ☐ b) Jenes, das total neu ist.

3. Sie müssen das Protokoll des letzten Meetings schreiben. 34 Seiten, uff! Ein Kollege fragt Sie kurz vor der Abgabe, ob Sie es nicht nochmals auf Tippfehler korrekturlesen wollen. Sie sagen:

   ☒ a) «Was glaubst du denn? Ich habe das schon dreimal auf Fehler durchgelesen!»
   ☐ b) «Was glaubst du denn? Ich bin froh, dass ich den Schinken endlich durch habe – das wälze ich doch nicht nochmals von vorne bis hinten durch!»

4. Auf der Montagsbesprechung haut Ihnen der Chef eine Wagenladung mit gleich fünf neuen Aufgaben hin! Was fühlen Sie dabei?

   ☒ a) Ich mag es nicht, fünf Dinge gleichzeitig tun zu müssen.
   ☐ b) Es macht mir nichts aus, fünf Dinge gleichzeitig zu erledigen.

5. Sie müssen sich gründlich mit Ihrem Partner aussprechen. Wie bereiten Sie sich vor?
☑ a) Ich lege mir die Punkte zurecht, über die wir reden sollten.
☐ b) Ich lege die große Richtung fest, auf die wir hinaus sollten.

6. Welche Aufgaben, egal ob beruflich oder privat, erledigen Sie am liebsten?
☑ a) Solche, bei denen ich mich gut auskenne.
☐ b) Solche, die neu sind, weil sie mich herausfordern.

## Realisten und Visionäre

Das zweite Verhaltensmuster-Paar unterscheidet Menschen nach der Art ihrer Informationsaufnahme (englisch auch: *Chunk Size*): In welcher «Häppchen»-Größe möchte ein Mensch am liebsten seine Informationen geliefert bekommen? Der Realist bevorzugt kleine Häppchen, also auch Details und konkrete Erfahrungen. Der Visionär bevorzugt den großen Überblick *(The Big Picture)* und die übergreifenden Zusammenhänge.

Wo stehen Ihre Kreuze? Wenn Sie häufiger a angekreuzt haben, sind Sie eher ein Realist, der

- am liebsten praktisch denkt;
- sich eher auf handfeste Erfahrungen verlässt als auf lockende neue Möglichkeiten;
- Routinetätigkeiten mag, weil man dabei immer wieder etwas verbessern kann;
- gerne an Aufgaben herumbastelt, bis sie perfekt sind;
- neue Aufgaben nicht sonderlich mag, weil er sich dabei nicht auf seine Erfahrung verlassen kann;
- bei einer Aufgabe (wie dem Ikea-Regalbau) erst einmal die Details sortiert, bevor er beginnt;
- am liebsten eine Aufgabe nach der anderen abarbeitet;
- irgendein berufliches oder privates Steckenpferd hat, bei dem er mit viel Engagement sein Können ständig steigert; zum Beispiel ein Musikinstrument, eine Fremdsprache ...;

- sein Geld am liebsten konservativ und sicherheitsorientiert anlegt, zum Beispiel in Bausparverträgen, Festverzinsungen oder Lebensversicherungen;
- gern auf Bewährtes, Erprobtes und Pragmatisches zurückgreift;
- lieber den Spatz in der Hand als die Taube auf dem Dach hat;
- bei vielen Vorhaben erst einmal daran denkt: Was könnte dabei alles schief laufen?
- Dinge, die er anpackt, auch zu Ende führt;
- etwas Neues erst dann akzeptiert, wenn er es Schritt für Schritt lernen kann;
- etwas Neues erst dann auch tatsächlich umsetzt, wenn er sichs wirklich zutraut und gut beherrscht.

Wenn Sie dagegen öfter bei b Ihre Kreuze gesetzt haben, sind Sie eher ein Visionär, ein Mensch, der

- den Überblick liebt;
- das große Ganze und nicht die kleinen Details sieht – deshalb brauchen Sie keine Aufbauanleitung; Sie haben das Bild vom fertigen Regal nämlich schon im Kopf;
- neue Herausforderungen liebt, eben weil sie neu sind;
- Routinetätigkeiten nicht mag, weil dabei die Fantasie nicht genug gefordert wird;
- gerne viele Dinge gleichzeitig tut;
- sein Geld auch mal riskant und in neuen Anlageformen anlegt;
- gern in neue Themen und Gebiete hineinschnuppert, aber nicht unbedingt dabei bleibt;
- viele Dinge anfängt, ohne Sie unbedingt alle zu Ende führen.

Wenn Sie zweimal a und zweimal b angekreuzt haben: Prima, bei Ihnen sind beide Verhaltensmuster ungefähr gleich stark ausgeprägt.

Spätestens an dieser Stelle sagen einige: «Aber man kann Menschen doch nicht in Schubladen stecken!» «Realisten, Visionäre, Extravertierte ... Das sind alles Schubladen!» Viele Menschen befürchten, dass sie aus diesen Schubladen nicht mehr herauskommen, wenn sie einmal drinstecken. Das scheint so – tatsächlich ist das Gegenteil der Fall. Und das aus drei Gründen:

1. «Typisch Mann!» – «So ein Rechthaber!» Das sind Schubladen, aus denen man oft nicht mehr herauskommt (weil sie pauschal und oft unbegründet sind). Die Verhaltensmuster dagegen sind Beschreibungen des Charakters eines Menschen – und der Charakter ist nun mal keine Schublade, dazu ist er zu facettenreich.

2. Während Ihres Lebens ändern sich Ihre Verhaltensmuster mit den Jahren. Vor allem ändert sich die «Mischung» der Verhaltensmuster. Viele Menschen, die in der Jugend extrem introvertiert waren, werden mit den Jahren immer extravertierter – und umgekehrt. Die Verhaltensmuster sind also etwas Fließendes, sind immer nur Momentaufnahmen.

3. In unterschiedlichen Situationen haben Menschen ganz unterschiedliche Verhaltensmuster. Wenn ein Mensch im Beruf ein Realist ist, kann er Zuhause ein Visionär sein, der mit unglaublich viel Fantasie mit seinen Kindern spielt und bastelt.

Menschenkenntnis ist exakt das Gegenteil von Einschubladeln. Menschenkenntnis steckt keine Menschen in Schubladen, sondern erkennt einfach, wie sie in welchen Situationen sind.

## Bauchdenker oder Kopfdenker?

Es liegt auf der Hand, dass Sie andere Menschen umso besser verstehen, durchschauen und beeinflussen können, je besser Sie sich in ihrem Innenleben auskennen. Deshalb statten wir Ihre Röntgenbrille nun mit einem Diagnosestrahl für Gefühle aus.

Wieder gilt: Beantworten Sie die folgenden Fragen spontan und Ihren Gewohnheiten, nicht Ihrem Wunschbild entsprechend.

1. Sie werden befördert. Der Chef bietet Ihnen zwei gleich attraktive Firmenwagen an. Für welchen entscheiden Sie sich?

☐ a) Für den, in dem ich mich einfach wohler fühle.

☐ b) Ich rechne erst mal beide durch und vergleiche ihre Vor- und Nachteile – danach fällt die Entscheidung leicht.

2. Ein Kollege hat Mist gebaut. Sie müssen ihm das leider sagen, damit der Fehler nicht mehr vorkommt. Wie sagen Sie es ihm?

☐ a) Auf jeden Fall so, dass er nicht eingeschnappt reagiert.

☐ b) Ich sage das sachlich und direkt – auch wenn ihm das nicht schmeckt.

3. Als Vater oder Mutter haben Sie mit den Kindern eine Regelung getroffen: «Nach 19 Uhr kein TV mehr!» Eines der Kinder bringt heute jedoch eine hervorragende Schulnote nach Hause und wünscht sich, einen TV-Film nach 19 Uhr anzusehen. Wie reagieren Sie?

☐ a) Unter diesen Umständen kann ich auch mal eine Ausnahme machen.

☐ b) Absprachen sind Absprachen und dazu da, dass man sie einhält – sonst machen sie keinen Sinn.

4. Sie haben Vereinsjubiläum. Ein guter Vereinskollege hält die Lobrede auf Sie. Welches Kompliment trifft objektiv betrachtet eher auf Sie zu?

☐ a) «Er/sie ist ein wunderbar einfühlsamer Mensch!»

☐ b) «Er/sie ist ein durch und durch vernünftig denkender Mensch!»

Wo haben Sie öfter angekreuzt? Bei a? Dann entscheiden Sie gerne aus dem Bauch heraus. Sie

● vertrauen auf Ihr Gefühl,

● finden eine Entscheidung richtig, wenn Sie sich gut dabei fühlen,

● halten viel auf ein harmonisches zwischenmenschliches Klima,

● können sich gut in andere hineinfühlen,

● machen auch schon mal eine Ausnahme für einen besonders lieben Menschen,

● achten bei Problemen darauf, dass es bald wieder allen gut geht, dass wieder Harmonie einkehrt,

- kaufen auch gerne mal Dinge ein, einfach weil sie Spaß machen,
- machen anderen gerne schöne Geschenke und suchen sie mit viel Liebe und Sorgfalt aus,
- können anderen gut Anerkennung geben,
- finden gute Stimmung bei der Arbeit wichtig,
- finden es stressig, mit anderen Menschen Kritikgespräche führen zu müssen,
- finden: Der Mensch kommt vor der Sache.

Menschen ohne Menschenkenntnis halten Bauchmenschen oft für «Weicheier». Da Sie inzwischen über ausreichend Menschenkenntnis verfügen, wissen Sie, dass solche Menschen keine Weicheier sind, sondern lediglich die Gewohnheit haben, ihre Gefühle sehr wichtig zu nehmen. Das ist absolut legitim, menschlich und verständlich. Es ist einfach nur eine Angewohnheit, eine Geschmackssache. Und über Geschmack lässt sich bekanntlich nicht streiten. Übrigens: Welches Verhaltensmuster hat ein Mensch, der einen anderen als Weichei bezeichnet? Sie ahnen es: Wenn jemand einen anderen beleidigt, sagt er wenig über den anderen – und viel über sich! Er lässt psycho-diagnostisch betrachtet sozusagen «die Hosen runter». Denn jeder Menschenkenner erkennt sofort: «Aha, das ist ein eklatanter Kopfdenker mit wenig Menschenkenntnis. Der erkennt noch nicht einmal sich selber!»

Wenn Sie öfter bei b angekreuzt haben, treffen Sie Entscheidungen eher mit kühlem Kopf. Sie
- haben nicht allzu viel Verständnis für eine zu gefühlsgeladene Atmosphäre,
- halten mehr von Sachlichkeit,
- halten sich nicht mit der Frage auf, was andere dabei fühlen, denn die Vorteile einer Sache sprechen für sich,
- sehen in Fairness und Gerechtigkeit wichtige Werte,
- achten bei Problemen darauf, dass man schnell den Ursachen auf den Grund geht,

- kaufen nur solche Dinge, die Sie auch wirklich brauchen und die vernünftig sind,
- haben keine Probleme damit, Tacheles zu reden, Kritik zu üben, Missstände anzusprechen,
- finden zuverlässig das Haar in jeder Suppe.

Menschen ohne Menschenkenntnis halten Kopfdenker für «Gefühlskrüppel», die «über Leichen gehen». Menschen mit Menschenkenntnis können mit solchen Etikettierungen nichts anfangen – weil sie nicht weiterhelfen! Im Gegenteil. Sie eskalieren bloß die Situation. «Harte Hunde» sind keine «Gefühlskrüppel». Es sind lediglich Menschen, deren Gewohnheit es ist, Dinge mit kühlem Kopf anzugehen. Übrigens: Welches Verhaltensmuster zeigt einer, der einen anderen als «Gefühlskrüppel» bezeichnet? Sie wissen es inzwischen.

Damit verfügt Ihre Röntgenbrille über drei Diagnosefähigkeiten. Fügen wir die vierte hinzu.

## Organisiert oder flexibel?

Es gibt Menschen, denen es sehr schwer fällt, Vereinbarungen einzuhalten. Ständig kommt «etwas Wichtiges» dazwischen. Was ist das? Mag sein, dass es für Sie ärgerlich ist – doch inzwischen erkennen Sie auch, was es noch ist: eine Eigenart. Wenn Sie keine Menschenkenntnis hätten, würden Sie sich darüber aufregen – und damit würde die Situation eskalieren. Da Sie inzwischen ausreichend Menschenkenntnis haben, regen Sie sich nicht auf, weil Sie sich sagen: «Erstens ist der andere nicht bösartig, sondern hat lediglich eine bestimmte Eigenart. Er kann sie nicht kurzerhand ändern. Genauso wenig wie er ändern kann, dass er Weintrinker ist.»

Jetzt sollten Sie nur noch wissen, wie man dieses Muster diagnostiziert und wie das korrespondierende Muster dazu aussieht! Das finden wir jetzt heraus:

1. Was trifft auf Sie zu?
- ☐ a) Ich habe ein Terminplanbuch und trage jeden Termin und jede Terminänderung darin ein.
- ☐ b) Ich arbeite lieber ohne Terminstress und penibles Zeitplanbuch, um auf das reagieren zu können, was gerade anfällt.

2. Wann werden Sie bei der Arbeit, bei der Hausarbeit, beim Hobby, ... nervös?
- ☐ a) Wenn unerledigte Arbeiten herumliegen.
- ☐ b) Wenn alle Arbeiten erledigt sind und nichts Neues anliegt.

3. Was trifft auf Sie zu?
- ☐ a) Wenn ich einmal eine Entscheidung getroffen habe, bleibe ich auch dabei und lasse mich nicht davon abbringen.
- ☐ b) Ich halte mich bei Entscheidungen so lange wie nur möglich nach allen Seiten offen – man weiß ja nie.

4. Wie bereiten Sie sich auf neue Aufgaben, Geburtstags- oder andere Reden, Urlaube, Ausflüge, private Unternehmungen oder Präsentationen vor?
- ☐ a) Lange, intensiv, umfassend und gerne.
- ☐ b) Ich bereite mich ungern lange vor, weil ich bei der Aufgabe selbst dann nicht mehr flexibel und spontan sein kann.

5. Ihr/e Chef, Lebenspartner, Freund, Vater, Mutter ... überträgt Ihnen eine Aufgabe. Mit welcher Vorab-Information fühlen Sie sich wohler?
- ☐ a) Mit klaren Vorgaben, damit ich weiß, was Sache ist.
- ☐ b) Mit wenig Vorgaben, also möglichst viel Freiraum.

Wenn Sie häufiger bei a angekreuzt haben, legen Sie viel Wert auf Struktur und Planung. Sie
- halten Ihre Angelegenheiten immer in Ordnung,
- sind pünktlich, ordentlich und gewissenhaft,
- halten sich an getroffene Vereinbarungen,

- schätzen gewissenhafte Vorbereitung,
- fühlen sich mit klaren Vorgaben für Ihre Aufgaben wohler,
- fühlen sich mit Termin-, Projektplänen und Checklisten wohl; sie geben Ihnen Orientierung und Sicherheit.

«Gestern haben wir mit dem Rad einen Ausflug gemacht und sind zufällig auch an eurem Haus vorbeigekommen.» – «Warum habt ihr dann nicht kurz hereingeschaut?» – «Och, wir hatten ja vorher nichts ausgemacht.» Hier redet ein Organisator: Wenn es nicht vorher organisiert wurde, kann man es auch nicht ruhigen Gewissens tun. Organisatoren sind gut organisiert – spontan sind sie nicht so gerne.

Wenn Sie häufiger bei b angekreuzt haben, legen Sie viel Wert auf Spontaneität und Flexibilität. Sie
- können auf überraschende Entwicklungen gut reagieren,
- halten sich an Vereinbarungen nur so lange, wie die Umstände keine neue Vereinbarung nötig machen,
- finden aufwändige Vorbereitung einengend und sind lieber spontan und flexibel,
- lieben Freiräume, Ungewissheiten und Spielräume,
- fühlen sich wohl in dem, was andere «Chaos» nennen,
- besuchen auch mal ganz spontan Freunde und Bekannte,
- machen Ihre Reise- und Freizeitplanung von der Situation abhängig: «Wandern am Wochenende? Ach, lass uns lieber erst warten, wie das Wetter wird und dann etwas Passendes vereinbaren»,
- halten sich bei Entscheidungen gerne nach allen Seiten hin offen,
- haben eine starke Abneigung gegen Fremdbestimmung,
- benötigen in allen (wichtigen) Vorhaben viel Freiraum,
- mögen Termin- und andere Pläne nicht sonderlich.

Viele flexible Menschen machen sich selbstständig: So erleben sie gegenüber dem Angestelltendasein den maximalen Freiraum im Beruf. Wenn Sie a und b gleichermaßen angekreuzt haben, sind beide Verhaltensmuster ungefähr gleich stark bei Ihnen ausgeprägt.

Gut organisierte Menschen werden von Menschen ohne Menschenkenntnis oft als «Pedanten» bezeichnet. Das zeigt lediglich, dass diese Menschen keine Menschenkenntnis besitzen. Es gibt keine Pedanten. Es gibt lediglich Menschen, denen Ordnung zur Gewohnheit wurde. Welches Muster haben übrigens solche unreflektierten Menschen? Sie können das jetzt erkennen. Ist es nicht schön, wie gut Ihre Röntgenbrille bereits funktioniert?

Umgekehrt gelten Flexible oft als wortbrüchige, unentschlossene und wankelmütige «Chaoten». Nichts davon trifft zu. Aber solche Beleidigungen können ohnehin nur Menschen ausstoßen, die sich ihres eigenen Musters nicht klar sind. Benutzen Sie Ihre Röntgenbrille: Welches ist es?

## Wer sind Sie?

Dank der justierten Röntgenbrille wissen Sie jetzt, wer Sie sind. Nosce te ipsum – der Prozess der Selbsterkenntnis ist zu einem Ergebnis gelangt. Zählen Sie Ihre vier Verhaltensmuster auf. Diese vier Muster ergeben ein Profil. Ich bin:

1. ...........................................................................................................

2. ...........................................................................................................

3. ...........................................................................................................

4. ...........................................................................................................

Elvira zum Beispiel sagt: «Ich bin eine extravertierte (1), fantasievolle Vordenkerin (2), die gerne aus dem Bauch heraus entscheidet (3) und Wert auf Ordnung legt (4).»

Welches Profil hat Ihr Partner? Ein ähnliches? Gleich und gleich gesellt sich gerne? Oder ein ziemlich anderes? Gegensätze ziehen sich an – oder kriegen wegen der Gegensätze eben auch Beziehungskrach ...

Welches Profil haben Ihre Kollegen? Sind Sie Gleiche(r) unter Gleichen? Oder hat man Sie in eine Abteilung gesetzt, in der Sie eher ein Exot sind? Das würde manches erklären.

Welche Freunde finden Sie am sympathischsten? Aufschlussreich, nicht wahr? Man ist eben lieber mit Menschen zusammen, die dieselben Vorlieben teilen.

Welches Profil haben Ihre Kinder? Interessant, nicht wahr? Kinder haben in aller Regel nicht dasselbe Profil wie die Eltern. Verhalten wird nicht vererbt. Daher die vielen Erziehungsprobleme. Es liegt eben nicht daran, dass «meine Tochter in einem schwierigen Alter ist» oder dass «mein Junge eine Trotzphase hat». Es liegt daran, dass Eltern andere Verhaltensmuster haben als ihre Kinder – und das nicht erkennen. Kinder erkennen das peinlicherweise häufiger: «Papa, dass du deinen Schreibtisch immer so penibel aufräumst, heißt doch nicht, dass ich das auch gut finde!» Wie recht der Junge hat – aber danach ist sein Alter auf 180! Tja, Erziehung ohne ausreichende Menschenkenntnis ist ein hartes Los – für Eltern!

## Menschen richtig einschätzen

Menschenkenntnis bedeutet, jeden Menschen richtig einschätzen zu können. Um sich selbst richtig einschätzen zu können, brauchen Sie lediglich die obigen Fragen zu den vier Verhaltensmustern zu beantworten. Wenn Ihr Partner für so etwas aufgeschlossen ist, können Sie auch ihn/sie mit Hilfe dieser Fragen einschätzen. Aber was machen Sie mit Kollegen, Chefs, Kindern, Bekannten, Verwandten, Freunden, Kunden, Geschäftspartnern, First Dates ...? Da gibt es mehrere Möglichkeiten.

Von der ersten Möglichkeit machen vor allem Vorgesetzte Gebrauch: Sie schicken ihre Mitarbeiter einfach auf ein Menschenkenntnisseminar, auf dem mit obiger (oder einer vergleichbaren) Röntgenbrille gearbeitet wird. Danach bessert sich das Arbeitsklima in der Regel drastisch, selbst jahrelange Konflikte verschwinden, die

Absenzhäufigkeit fällt, die Produktivität steigt, von der Motivation ganz zu schweigen. Logisch, denn nach so einem Training weiß jeder, wie der andere tickt und wie man glänzend mit ihm auskommt. In vielen Unternehmen gehört so ein «Typologie»-Seminar heute zum guten Ton.

Was aber machen Sie, wenn Sie einen Menschen nicht aufs Seminar schicken und ihm nicht die Fragen oben vorlegen können? Dieser Fall ist der weitaus häufigste. Was machen Sie? Das, was Sie von Geburt an können:

Augen auf!
Ohren auf!

Wenn Sie einfach nur Augen und Ohren aufmachen, können Sie jeden Menschen richtig einschätzen. Oft reicht es schon aus, wenn Sie sich lediglich daran *erinnern*, was Sie mit offenen Augen und Ohren wahrgenommen haben.


## Die Zehn-Punkte-Ferndiagnose

Wenn Sie einen Menschen (Kollegen, Chef, Mitarbeiter, Kinder, Partner ...) einschätzen wollen, reicht schon ein gutes Gedächtnis für eine zuverlässige Diagnose. Stellen Sie sich einfach den Betreffenden so bildhaft wie möglich vor und stellen Sie die drei bis fünf Fragen (s. o.) zu jedem der vier Verhaltensmuster. Wenn er einen Abend frei hat, was macht er? Wenn er etwas Neues einkauft, liest er erst die Gebrauchsanweisung? Und so weiter.

Damit Ihre Diagnose zuverlässig wird, sollten Sie sich pro Frage nicht mit einem einzelnen Indiz zufrieden geben. Wenn ein Mensch letzten Dienstagabend zu Hause war, heißt das nicht schon, dass er introvertiert ist. Doch wenn er wochenlang abends das Haus nicht verlässt und sich im Bastelkeller vergnügt, reicht die Menge der Indizien für eine zuverlässige Diagnose aus.

## Die treffsichere Ferndiagnose

Um einen Menschen richtig einzuschätzen, reicht es, wenn Sie sich drei der folgenden Fragen beantworten. Natürlich gilt auch: Je mehr Fragen Sie beantworten, desto zuverlässiger wird Ihre Einschätzung. Zur treffenden Einschätzung gehen Sie folgendermaßen vor:

1. Stellen Sie sich den jeweiligen Menschen vor und ordnen Sie ihn aufgrund dieser Erinnerung den vier Verhaltensmustern (s. o.) zu.

2. Beobachten Sie ihn bei nächster Gelegenheit einige Minuten aufmerksam und ordnen Sie das Beobachtete den vier Verhaltensmustern zu.

3. Ordnen Sie Verhalten, das er auffallend oft oder intensiv wiederholt, den vier Verhaltensmustern zu.

4. Ordnen Sie Verhalten, das ihm offensichtlich wichtig oder sehr wichtig ist, den vier Verhaltensmustern zu.

5. Ordnen Sie Critical Incidents (kritische Vorfälle) den vier Verhaltensmustern zu; also wenn er «ausrastet», vor Freude aus dem Häuschen ist, Mega-Stress hat oder anderweitig starke emotionale Aktivierung zeigt.

6. Erinnern Sie sich daran, was Sie an ihm regelmäßig aufregt, und ordnen Sie es den vier Verhaltensmustern zu.

7. Erinnern Sie sich daran, was Sie an ihm regelmäßig freut, und ordnen Sie es den vier Verhaltensmustern zu.

8. Ordnen Sie das, was er Ihnen und anderen sagt, den vier Verhaltensmustern zu.

9. Ordnen Sie das, was andere über ihn sagen, den vier Verhaltensmustern zu.

10. Wenn Sie selbst mit den Diagnose-Checks 1 bis 9 keine ausreichende Erklärung bekommen, fragen Sie ihn einfach: «Warum hast du das getan? Was ist dir wichtig daran?» und ordnen Sie seine Beweggründe den vier Verhaltensmustern zu.

# Kleines Training zur Ferndiagnose

Wir haben noch nicht einmal die Hälfte des Buches erreicht, und bereits jetzt glänzen Sie mit fundierter Menschenkenntnis. Wollen wir wetten? Jede der folgenden Fragen zu jedem der obigen zehn Checkpunkte können Sie beantworten. Wenn Sie dafür zu den Beschreibungen der vier Verhaltensmuster zurückblättern müssen (s. o. «Matrix der Verhaltensmuster», Seite 27), geht das in Ordnung. Sie sollen Menschen erkennen – von auswendig lernen hat keiner etwas gesagt (mit der Zeit können Sie sich die Muster ganz automatisch merken).

Petra diagnostiziert mit der Zehn-Punkte-Ferndiagnose ihren Kollegen Stefan, mit dem sie künftig in einem Projekt zusammenarbeiten soll und mit dem sie einfach harmonischer zusammenarbeiten möchte als bisher. Ordnen Sie Petras diagnostische Befunde von Stefan dem richtigen Verhaltensmuster zu:

1. Sie erinnert sich daran, dass Stefans Bürotür immer offen ist.
2. Sie beobachtet beim nächsten Meeting, dass Stefan selbst für die abgehobensten Ideen des Chefs noch begeistert ist.
3. Stefan macht bei jedem Problem erst mal auf einem Blatt eine Ursachenanalyse.
4. Er legt ungeheuren Wert darauf, dass man selbst im prall gefüllten Terminplan «noch schnell einen aktuellen Termin dazwischennehmen können muss»!
5. Stefan ist oft einer der Aktivsten auf Abteilungsversammlungen. Je mehr Leute, desto mehr blüht er auf.
6. Petra rastet regelmäßig aus, wenn Stefan die kostbare Meetingzeit mit Klatsch über andere Abteilungen vergeudet.
7. Dagegen freut es sie, wenn er selbst die alltäglichsten Erledigungen auf immer wieder neue, überraschende Weise erledigt.
8. Stefan sagt gerne, dass man «doch bitte vernünftig bleiben soll» oder «die Dinge nicht unnötig dramatisieren» muss.
9. Neulich sagte der Abteilungsleiter über ihn: «Kann der Kerl sich nicht endlich festlegen, welches Menü er beim Ausflug wählt?»

10. Als er einen neuen Kollegen wegen einer Bagatelle anfährt, fragt ihn Petra, warum er überreagiert. Er sagt: «Überreagiert? Finde ich nicht. Hier gehts einfach ums Prinzip.»

Diagnose komplett? Hier die Auflösungen:
1. Die offene Bürotür ist ein deutliches Zeichen für Extraversion.
2. Die beflügelte Fantasie des Visionärs.
3. Typisch Kopfmensch.
4. Darauf können nur Flexible und Spontane Wert legen.
5. So ergeht es nur extravertierten Menschen.
6. Extravertierte möchten immer alles über alle anderen wissen.
7. So ein Einfallsreichtum ist typisch für Visionäre.
8. Kopfmenschen haben es gerne sachlich und emotionsfrei.
9. Spontane Flexible möchten sich einfach nicht festlegen.
10. Kopfmenschen finden es schlimmer, ungerecht als unbarmherzig zu sein.

## Auf einen Blick: Benutzen Sie Ihre Röntgenbrille!

- Tragen Sie die Matrix der Verhaltensmuster bei sich.
- Machen Sie Augen und Ohren auf.
- Ordnen Sie das, was Sie hören und sehen den vier Verhaltensmustern zu.

Mit diesen simplen drei Schritten werden Sie schon mit wenig Übung jeden Menschen verstehen und durchschauen können.

# 3. «Ja, spinnt denn der?» –
## Verstehen, wie andere Menschen ticken

## Ein einziger Spinner kann einem den ganzen Tag verderben

Ist Ihnen das auch schon passiert? Da haben Sie sich beim Einkauf in der Stadt ganz spontan ein edles Schnäppchen geleistet. Etwas, das Sie schon lange gesucht und jetzt wirklich günstig bekommen haben. Sie kommen glücklich nach Hause, zeigen es voll Besitzerstolz dem Partner und der sagt nur: «War das jetzt wirklich nötig?» Die gute Laune ist im Handumdrehen futsch. Den Rest des Tages geht man sich aus dem Weg oder muffelt sich an.

### Woher der Ärger kommt

Solange Sie andere nicht verstehen, haben Sie zwangsläufig immer wieder Stress mit ihnen – und leider immer wieder wegen derselben Themen, Anlässe und Streitpunkte!

Ärger, Frust und Stress mit anderen Menschen entstehen in neun von zehn Fällen eben nicht aus sachlichen Gründen oder weil der andere spinnt, sondern beruhen schlicht auf einem Missverständnis. Genauer: aus Unverständnis, also aus mangelnder Menschenkenntnis.

Für Menschen, die in einer Beziehung oder Familie leben, ist das übrigens eine bahnbrechende Erkenntnis: Je besser Sie Ihre Kinder, Ihren Partner, Ihre Familie verstehen, desto besser kommen Sie mit ihnen klar. Sie werden zwar vieles nicht gut finden, was sie tun oder sagen. Aber Sie werden sich nicht länger darüber aufregen oder sich streiten. Wer andere versteht (= Menschenkenntnis), ärgert sich nicht, sondern schmunzelt. Wenn das so einfach ist, warum machen wir es dann nicht alle längst? Weil wir oft genug in die Interpretationsfalle tappen.

## Die Interpretationsfalle

Betrachten wir nochmals das Eingangsbeispiel: Der eine Partner kommt voll Freude mit einem schönen Einkauf nach Hause. Der andere Partner mäkelt spontan dran herum. Die eben noch gut gelaunte Shopperin ist stinksauer: «Er ist ja so ein Geizhals!» Es ist unschwer zu erkennen, dass exakt hier der Ärger beginnt.

### Interpretation ist Eskalation!

Interpretation ist das Gegenteil von Menschenkenntnis.

«Er ist so ein Geizhals!» Das ist, rein logisch betrachtet, eben keine objektiv überprüfbare Tatsache (wie blaue Augen), sondern eine Interpretation eines beobachteten Verhaltens. Die Interpretation ist in neun von zehn Fällen schlicht falsch. Gerade deshalb eskaliert die Situation oft! Der andere fühlt sich nämlich überhaupt nicht als Geizhals. Er versteht einfach nicht, warum sie noch einen Seidenschal kauft, wo doch bereits vier im Schrank hängen. Würde sie es ihm erklären, würde sich die Situation klären: «Du, zu meinem neuen blauen Kostüm habe ich noch keinen passenden Schal – und im April ist es noch recht kühl!» Diese Erklärung kann selbst ein modischer Laie nachvollziehen. Erklären und klären haben nicht von ungefähr denselben Wortstamm: Erklärung ist Klärung. Zumindest würde hier die Situation nicht so eskalieren, wie sie es nach dem ex- oder impliziten Vorwurf «Du alter Geizhals!» tut.

Das haben Sie sich vielleicht auch schon gedacht. Trotzdem werden Sie sich schon wenige Minuten, nachdem Sie dieses Buch das nächste Mal aus den Händen legen, dabei ertappen, wie Sie das Verhalten eines anderen interpretieren. Warum? Weil Sie uneinsichtig

sind? Nein, weil man uns das in jahrelanger Fehlerziehung so angewöhnt hat. Es ist zwar eine hinderliche, aber eine Angewohnheit. Deshalb reicht es schon, wenn Sie es sich so abgewöhnen, wie Sie sich
schon öfter lästige Gewohnheiten abgewöhnt haben: Einfach ganz
bewusst darauf achten – und das Gegenteil tun. Was ist das Gegenteil von Interpretation? Einfach nur

1. ganz bewusst zuhören oder zuschauen;
2. sich jeden interpretierenden Kommentar bewusst verkneifen oder
   geistig beiseite stellen;
3. die eigene Menschenkenntnis einschalten.

Die Menschenkenntnis einzuschalten, bedeutet, sich die üblichen Fragen (siehe Kapitel 2) zu stellen:

* Was weiß ich über ihn/sie, was mir sein/ihr Verhalten stichhaltig
  erklärt?
* Welche charakteristischen Eigenarten (s. Kapitel 2) stecken hinter
  dem Verhalten?

**Verständnis ist der Schlüssel zum Glück**

Sie werden sich viel weniger über einen Menschen aufregen müssen: Verstehen heißt stressfreier leben.


# Die typischen Aufreger

Machen wir die Probe aufs Exempel. Betrachten wir typische All-
tagssituationen, in denen wir uns über andere aufregen, und wenden
wir unsere Menschenkenntnis darauf an. Sie werden bemerken: Menschenkenntnis vertreibt Ärger!

Susanne, eine Seminarteilnehmerin, erzählt: «Neulich saß ich mit
meiner besten Freundin im Café. Mir ist das bislang noch nie aufgefallen: Während ich rede, schaut sie ständig zu anderen Tischen oder
zur Tür! Ich finde das unmöglich! Wenn ich sie langweile, warum sagt

sie es mir nicht offen?» Susanne hat Ärger mit der besten Freundin. Der Ärger wird jedoch nicht, wie Susanne annimmt, von der Freundin verursacht, sondern von Susannes noch mangelnder Menschenkenntnis. Es ist übrigens gar nicht so selten, dass wir gerade die Menschen am wenigsten verstehen, die uns am nächsten sind. Denn gerade ihnen gegenüber dominieren unsere Erwartungen unser Denken – nicht unsere Wahrnehmung oder Menschenkenntnis.

Susannes Freundin ist nicht desinteressiert oder unhöflich – das ist lediglich Susannes Interpretation. Denn wie Susanne selbst sagt: Die Freundin macht das ständig. Susanne erzählt aber sicher nicht ständig Uninteressantes, sonst wären beide keine Freundinnen mehr. Nun berufen Sie sich auf Ihre Menschenkenntnis und denken oder blättern Sie nochmals zur Matrix der Verhaltensmuster (siehe Kapitel 2, Seite 27) zurück: Zu welchem Muster passt das Verhalten von Susannes Freundin? Zweifellos zum ersten Musterpaar, dem Kontaktverhalten: Susannes Freundin ist schlicht extravertiert. Sie ist nicht unaufmerksam oder unhöflich, im Gegenteil. Extravertierte können gleichzeitig Ihnen und anderen zuhören. Sie können das nicht nur, sie möchten das auch: Es macht ihnen Spaß, auf drei Hochzeiten gleichzeitig zu tanzen. Wenn Sie einem Extravertierten verbieten, seinen Blick schweifen zu lassen, tun Sie ihm oder ihr weh. Das ist gerade so, als ob Sie ein Rennpferd an die Kette legen. Das ist buchstäblich wider die Natur.

Der Vorfall sagt übrigens auch etwas über Susanne selbst. Was ist ihr Verhaltensmuster? Erkennen Sie es? (Auflösung unten)

## Launische Kerle

Haben Sie richtig getippt? Susanne selbst ist introvertiert – gerade deshalb regt es sie so auf, dass der Blick der Freundin ständig schweift, wenn sie mit ihr redet. Wäre sie selbst extravertiert, würde ihr das überhaupt nicht auffallen, geschweige denn aufstoßen.

Karl hat ein ganz anderes Problem. Er arbeitet in einem Projektteam mit einem Kollegen zusammen, mit dem er überhaupt nicht klarkommt: «Nie weiß man, woran man bei ihm ist. Am einen Tag ist er total wortkarg, am anderen richtig redselig. So was von launisch habe ich noch nicht erlebt!» Was ist das? Richtig, das ist eine Interpretation. Was sagt Ihre Menschenkenntnis? Sie vermuten hinter den Launen ein charakteristisches Verhaltensmuster? Das ist richtig. Welches? Nehmen Sie ruhig die Matrix (siehe Kapitel 2, Seite 27) zur Hand. Klemmen Sie am besten eine Büroklammer oder ein Klebe-Registerzeichen an diese Seite – Sie brauchen die Matrix auf den folgenden Seiten und im Alltag. Wenigstens so lange, bis Sie die vier Verhaltensmuster-Paare im Kopf haben, was schon nach wenigen Tagen der Fall sein wird.

Der Kollege in unserem Beispiel ist übrigens nicht launisch, er ist einfach ein Gefühlsmensch. Wenn etwas Trauriges passiert, ist er sehr traurig; wenn etwas Erfreuliches passiert, ist er sehr erfreut. Seine Stimmungsreaktionen sind sehr viel ausgeprägter als bei anderen Menschen. Vor allem als bei Karl. Denn welches Verhaltensmuster zeigt Karl? Er ist ein Kopfmensch. Seine Stimmungsschwankungen bewegen sich in einer viel geringeren Bandbreite.

## So ein kaltschnäuziger Hund!

Alisa hat Probleme mit ihrem Schwiegersohn: «Als sich Mäxchen neulich den Finger einklemmte, hat er nicht mal eine Miene verzogen, als er ihn verbunden hat! Er ist immer so kaltherzig!» Was ist das? Eine Interpretation. Was sagt Ihre Menschenkenntnis? Der Schwiegersohn ist nicht kaltherzig, er zeigt lediglich ein bestimmtes Verhaltensmuster: Er ist Kopfmensch. Er reagiert nicht, wie Karls Kollege (s. o.), emotional auf eine Situation, sondern logisch. In solchen Situationen wird nicht hauptsächlich sein Gefühl, sondern sein Verstand aktiv. Seine bevorzugte Verarbeitungsmethode ist Denken, nicht Fühlen. Denken und Fühlen sind keine Gegensätze, sondern lediglich unterschiedliche Bewältigungsmechanismen für unseren Alltag. Keines ist besser oder schlechter – solange wir beide respektieren und andere Menschen deswegen nicht verurteilen. Welches Verhaltensmuster zeigt übrigens Alisa? Sie ist offensichtlich ein Bauchmensch. Kein Wunder, dass ihr ein rein logisches Herangehen an Situationen negativ auffällt – solange ihre Menschenkenntnis noch nicht ausreicht, um das als typisches Verhaltensmuster zu erkennen.

## So ein Geizhals!

Leiden Sie auch manchmal unter Menschen, die jeden Cent dreimal umdrehen, die selbst für kleine Beschaffungen erst drei Angebote einholen, bevor sie sich endlich entscheiden? Das kann einem ganz schön auf die Nerven gehen, nicht wahr? Geizhälse sind lästig. Was ist das? Eine Interpretation. Was sagt uns die Menschenkenntnis? Ein Geizhals ist kein Geizhals, sondern lediglich ein Mensch, der nur dann Spaß beim Geldausgeben hat, wenn er dabei richtig viel denken darf. Er ist ein Kopfmensch. Ein Kopfmensch kauft nur, wenn es vernünftig ist. Er findet es nicht wirklich lästig, Angebote einzuholen. Denn er braucht gute Argumente für einen Kauf. Bekommt er diese, gibt er auch mal üppig Geld aus. Vor allem dann, wenn die Argumente seinen Prinzipien entsprechen, wie zum Beispiel Umweltverträglichkeit, pädagogischer Gehalt (bei Kinderspielzeug), Nachhaltigkeit oder Effizienz.

Er hat einfach Spaß dabei, selbst minimale Beträge bestmöglich auszugeben. Wenn Sie so einem Menschen sagen: «Sei doch nicht so geizig!», sagen Sie ihm eigentlich – und so kommt das bei ihm auch an: «Sei unvernünftig!» Das hätten Sie nicht gedacht? Das ist normal. An so etwas denkt man normalerweise nicht. Leider beginnt exakt mit solchen Aufforderungen die Unmenschlichkeit im Alltag: Wenn wir einem anderen Menschen seinen Spaß verbieten – so verrückt der Spaß uns auch erscheinen mag – provozieren wir den Ärger selber, über den wir uns später beklagen. So verrückt es klingt: Der meiste Ärger, den wir mit anderen haben, ist hausgemacht.

## Typisch Mann: Die Einkaufslisten-Aversion

Susi schickt ihren Freund nur noch im äußersten Notfall zum Einkaufen, denn: «Der kann noch nicht mal eine Einkaufsliste richtig lesen. Typisch Mann!» Ist es das? Nein, das ist eine Interpretation, die Susi nur laut und lange genug äußern muss, um richtig Beziehungsstress zu bekommen. Was sagt Ihre Menschenkenntnis? Susis Freund ist nicht lesebehindert, sondern lediglich ein sehr spontaner Mensch. Wenn Susi ihn am Mittwoch losschickt, um fürs Wochenende einzukaufen, denkt er ganz unbewusst bei sich: «Woher soll ich denn jetzt schon wissen, was ich am Wochenende essen möchte?» Das kann er nicht wissen, weil dann die ganze Spontaneität futsch ist. Er «vergisst» also nicht einfach die Hälfte der Einkaufsliste, sondern kauft schlicht das ein, was ihm heute, am Mittwoch, am besten schmecken würde. Lustig ist, das Susi das genaue Gegenteil ist: Sie ist ein sehr ordnungsliebender Mensch. Wenn sie am Mittwoch Steak für den Sonntag einkauft, isst sie das Steak pflichtbewusst am Sonntag – auch wenn sie am Sonntag keinen richtigen Appetit auf Fleisch hat. Doch der Appetit ist nicht so wichtig. Viel wichtiger ist für sie, dass die innere Ordnung gewahrt bleibt. Denn das gibt ihr ein gutes Gefühl. Ordnung ist ihr rein gefühlsmäßig wichtiger als Appetit.

Susi und Freund haben sich übrigens nach dem Besuch eines Menschenkenntnisseminars zusammengerauft: «Wir hatten ständig Streit wegen des Essens.» Jetzt nicht länger. «Seit wir wissen, dass wir einfach unterschiedliche Interessen haben, bin ich schon froh, wenn er sich wenigstens an die Hälfte der Einkaufsliste hält.» Er sagt: «Solange wir kurzfristig wenigstens die Beilagen spontan bestimmen können oder einfach mal was anderes essen, kann ich ganz gut mit ihrem wöchentlichen Essensplan leben.»

### Einordnen statt interpretieren

Interpretieren Sie andere Menschen nicht. Ordnen Sie einfach ihr Verhalten den vier Mustern zu. Das ist Menschenkenntnis.

# Der Chef nervt!

Manche kommen ganz gut mit ihrem Chef aus. Viele andere beklagen sich darüber, dass der Chef sporadisch oder ständig nervt. Und nervt ein Chef, kann das den ganzen Spaß an der Arbeit verderben. Denn selbst wenn er gerade nicht nervt, ist man innerlich in Lauerstellung, die nächste Nerv-Attacke fürchtend. Dabei ist die Sache ganz einfach: Nervige Chefs gibt es nicht wirklich. Sie werden es schon vermuten:

## Wenn der Chef nervt

Sie können innerhalb einer Sekunde einen nervenden Chef abstellen. Indem Sie ihn verstehen.

Wer etwas versteht, kann nicht davon gestresst werden. So einfach ist das. Und gerade Chefs sind oft am leichtesten zu verstehen – denn ihr Verhalten ist im wahrsten Sinne des Wortes offensichtlich. Wir haben unsere Seminarteilnehmer gefragt, was sie an ihrem Chef am meisten aufregt, und eine ziemlich umfängliche Liste der «Chefsünden» erhalten. Picken wir ein Highlight aus der Liste heraus:

«Mein Chef ist der totale Kontrolletti! Ständig schaut er mir über die Schulter! Ich kann nicht in Ruhe arbeiten!» Warum tut er das? «Er misstraut mir. Er will einfach alles besser wissen.» Was ist das? Eine Interpretation. Was sagt Ihre Menschenkenntnis (nehmen Sie die Verhaltensmuster-Matrix auf Seite 27 zur Hand, wenn Sie mögen)? Der Chef ist nicht misstrauisch, er will lediglich die Gewissheit, dass alles seine Ordnung hat. Er ist ein Ordnungsmensch. Wenn der Chef darüber hinaus auch noch jedes Detail kontrolliert, ist er – erraten Sies? – auch ein Realist. Schon allein diese Erkenntnis erleichtert die meisten Menschen ungemein. Es fällt der sprichwörtliche Stein vom Herzen: «Der Chef hats überhaupt nicht auf mich abgesehen – er ist lediglich hinter seiner Ordnung her!» Deshalb ist Menschenkenntnis ein hervorragender Stresskiller: Was man versteht, stresst nicht mehr.

Wenn Sie erkennen, was Ihr Chef für ein Mensch ist, ist Ihnen meist ganz intuitiv auch schon klar, wie Sie ihn behandeln müssen, um glänzend mit ihm auszukommen: Geben Sie dem Chef, was er will – das ist immer noch das beste Mittel der positiven Beeinflussung. Wenn er detailgenaue Gewissheit über seine Ordnung haben möchte, dann geben Sie sie ihm – und schon lässt er Sie in Ruhe! Geben Sie ihm einfach fünf Minuten, bevor er wieder den Kopf zu Ihrer Tür hereinstecken würde, Feedback, und zwar detailgenaues Feedback. Diese simple Maßnahme funktioniert in der Praxis tadellos. Viele Seminarteilnehmer berichten sogar: «Irgendwann hat mein Chef zu mir gesagt: Nun hören Sie aber auf damit, alle zehn Minuten hier Berichte abzugeben. Ich sehe doch, dass alles ordentlich läuft!» Na bitte. Der Chef hat bekommen, was er will. Also gibt er auch Ruhe.

## So führen Sie Ihren Chef

- Beobachten Sie sein Verhalten bewusst.
- Verkneifen Sie sich Ihre Interpretation bewusst.
- Lassen Sie Ihre Menschenkenntnis spielen.
- Behandeln Sie den Chef so, wie es Ihnen Ihre Menschenkenntnis empfiehlt.

Nach diesem bewährten Muster behandeln wir nun die häufigsten Chef-Sünden:

- Verhalten: «Mein Chef wird fuchsteufelswild, sobald ich ihn auch nur ganz leicht kritisiere.»
- Interpretation: «Er will unfehlbar sein, seine Fehler vertuschen.»
- Menschenkenntnis: Er ist ein Bauchmensch; Kritik nimmt er immer gleich persönlich.
- Lösung: Qualifiziertes Feedback. Dann akzeptiert der Chef nicht nur Ihre Kritik, er befolgt sie auch! Wie schön.

Qualifiziertes Feedback bedeutet: Da er alles gleich persönlich nimmt, sollten Sie Du-Botschaften gänzlich vermeiden, weil diese immer persönlich genommen werden: «Sie haben aber gestern etwas ganz anderes gesagt!» Ich-Botschaften dagegen hört der Chef, ohne aus der Haut zu fahren, und sie transportieren denselben Inhalt: «Mir ist dieser Punkt nicht klar, können Sie mir nochmals erklären, wie das abläuft?» Gutes Feedback bedeutet zweitens: Niemals mit der Tür ins Haus fallen, zum Beispiel: «Das funktioniert so nicht!» Immer erst positiv einstimmen: «Ihr Briefing war sehr gut. Ich bekam dabei alle Informationen, die ich brauche. Inzwischen läuft die Sache, und es ist dabei ein Problem aufgetaucht.» Da weiß der Chef doch sofort: Es geht nicht gegen ihn. Sie finden ihn prima, weil er so gut gebrieft hat. Sie werfen ihm das Problem nicht persönlich vor. Drittes Qualitätskriterium für gutes Feedback: Schauen Sie erst nach, in welcher Stimmung der Chef gerade ist. Bauchmenschen spricht man am besten mit negativen Nachrichten nicht dann an, wenn sie sowieso schlecht drauf sind.

- Verhalten: «Mein Chef schmettert alle meine Ideen ab.»
- Interpretation: «Der hat was gegen mich. Der will mich unterbuttern. Er ist einfach zu altmodisch für neue Ideen.»
- Menschenkenntnis: Der Chef ist Realist, der sich vorzugsweise auf seine Erfahrungen verlässt. Er betrachtet also alles Neue erst einmal skeptisch bis misstrauisch, weil er darüber noch keine Erfahrung hat. Neues hält er generell für riskant.
- Lösung: Neue Ideen nicht als neu verkaufen, sondern als logische Konsequenz aus Altem oder einfach aufzeigen, welche vergleichbaren Erfahrungen vorliegen. Dann «schluckt» der Chef auch Neues anstandslos.

So «verkaufte» ein Ingenieur seinem Chef eine Neuentwicklung nicht als Neuentwicklung («Was ist denn das für ein neumodischer Kram?», hätte der Chef da gesagt), sondern einfach als Weiterentwicklung des bislang bezogenen Gerätes. Der kleine Trick half dem Chef, mit dem Neuen auf seine Weise warm zu werden.

# Es gibt nichts Gutes, außer man tut es

Schon an diesen wenigen Chef-Beispielen werden Sie zwei Dinge bemerkt haben: Mit einer guten Menschenkenntnis

* regt Sie der Chef nicht mehr oder deutlich weniger auf, weil Sie ihn besser verstehen;
* können Sie den Chef so führen, dass Sie nicht mehr aneinander geraten.

So einleuchtend das klingt, gerade Menschen, die großen Stress mit ihrem Chef haben, sehen das nicht immer so: «Wieso soll ich etwas unternehmen, wenn der Chef völlig unnötig rumstresst? Er ist der Chef. Er wird dafür bezahlt, dass er richtig managt und führt. Also soll gefälligst er sich ändern!» Dieses Argument ist absolut logisch. Es hat nur einen Haken: Chefs scheren sich in der Regel nicht darum. Sie nehmen freundliche Hinweise, sich doch bitte endlich zu bessern, nicht in einer überwältigenden Mehrheit der Fälle mit Wohlwollen auf. Im Gegenteil.

## Von nichts kommt nichts

Im Grunde haben Sie nur eine Alternative: Sie können darauf warten, dass sich der Chef ändert (bis Sie schwarz sind?) und sich bis zu diesem Tag täglich bitter über ihn beschweren. Oder Sie können dank Ihrer überragenden Menschenkenntnis den Chef so verstehen und behandeln, dass der Stress ein Ende hat. Es ist Ihre Wahl. Was wählen Sie?

# Der Chef nervt weiter

Arbeiten wir noch etwas an der Mängelliste der Chefs. Wieder benutzen wir unser Vier-Schritt-Schema:

* Verhalten: «Mein Chef gibt viel zu ungenaue Anweisungen, also müssen wir immer erraten, was er eigentlich meint. Doch egal, was

wir uns auch ausdenken – hinterher meckert er immer, dass er das so nicht gemeint und gewollt hat!»

- Interpretation: «Dem kann man es einfach nicht recht machen! Der ist mit allem unzufrieden. Der weiß nicht, was er will!»
- Menschenkenntnis: Dieser Chef ist offensichtlich ein Visionär. Es geht ihm ums große Ganze – nicht um Details.
- Lösung: Detailinformation ist nicht Bringschuld des Chefs, sondern Ihre Holschuld.

Fragen Sie den Chef doch einfach schon beim Briefing, bei seiner Delegation oder Anweisung, was genau er wie bis wann haben möchte. Er wird diese «kleinlichen» Fragen nicht als angenehm empfinden und das eventuell auch sagen – doch das muss er als Chef einfach akzeptieren können. Schließlich müssen Sie wissen, was genau er von Ihnen erwartet. Das dürfen Sie ihm auch ruhig sagen – aber bitte vorwurfsfrei.

- Verhalten: «Mein Chef klebt an seinen Entscheidungen – auch wenn sie längst von der Realität überholt wurden!»
- Interpretation: «Er ist eben ein Betonkopf, völlig unflexibel, ein Ewiggestriger, unbelehrbar.»
- Menschenkenntnis: Der Chef ist – haben Sies erraten? – ein Organisator. Er wirft einmal getroffene Entscheidungen nur deshalb nicht um, weil er damit automatisch seine geliebte Ordnung umwerfen würde.
- Lösung: Zeigen Sie ihm, wie die neue Entscheidung in die Ordnung passt.

Das gelingt, wenn Sie ihm entweder eine neue Ordnung für seine alte anbieten oder ihm einfach und knapp zeigen, wie die neue Entscheidung ganz gut in die alte Ordnung passt. Dann gibt der Chef seinen Widerstand auf. Denn dann bedroht die neue Entscheidung nicht länger seine alte Ordnung. Sie sehen: Man muss lediglich wissen, «wie der Chef zu nehmen ist», damit er sich ganz vernünftig verhält.

## Menschenkenntnis und Motive

Menschenkenntnis heißt, die Bedürfnisse der Menschen zu kennen und diese Bedürfnisse zu befriedigen.

- Verhalten: «Mein Chef klaut meine Ideen und verkauft sie als seine eigenen!»
- Interpretation: «Er ist ein gemeiner Schuft und Ideenräuber!»
- Menschenkenntnis: Er ist ein Gefühlsmensch, ein Bauchmensch, dem es extrem auf Anerkennung von anderen ankommt. Um diese Anerkennung zu bekommen, klaut er auch mal fremde Ideen.
- Lösung: Binden Sie ihm nicht alles auf die Nase. Verkaufen Sie ihm Ihre Ideen nur mit so viel Informationen, wie er Sie braucht, um sie weiterzuverkaufen.

Eine andere Lösung ist auch: Den Chef wissen lassen, dass Sie wissen, dass er Ihre Idee weiterverkauft hat. Aber vorwurfsfrei, zum Beispiel: «Schön, dass Sie meine Idee mit dem Differenzialgetriebe gestern dem Vorstand präsentierten.» Da der Chef ein Gefühlsmensch ist, wird er sofort Ihr emotionales Bedürfnis erkennen und etwas sagen wie: «Jaja, da hatten Sie eine tolle Idee!» Erkennt er Ihr Bedürfnis nicht (weil er zu geringe Menschenkenntnis hat), machen Sie ihn darauf aufmerksam: «Wenn Sie eine meiner Ideen gut finden, fände ich es schön und fair, wenn Sie mir das auch persönlich sagen!» Merke: Von nichts kommt nichts. Wer nicht den Chef hat, den er sich wünscht, kann immer noch dafür sorgen, dass aus dem Chef ein Chef wird, der dem Chef nahe kommt, den man sich wünscht. Das kann Ihnen niemand verbieten!

Sie finden es amüsant, dass man sich den Chef «basteln» kann, den man sich wünscht, dass man den eigenen Chef quasi erziehen kann? Erfahrene Chefsekretärinnen wissen und machen das seit Jahrhunderten: «Ich weiß eben, wie man den Chef nehmen muss. Wenn ich ihn richtig behandle, dann lässt er mich in Ruhe meine Arbeit machen und redet mir nicht zu viel drein.»

**Jeder hat den Chef, den er verdient**

Der Chef ist niemals so, wie er ist. Der Chef ist immer so, wie man ihn behandelt.

Sie können den Chef nicht um 180 Grad drehen, Sie können ihn nicht wenden wie einen alten Handschuh, Sie können ihn nicht zu hundert Prozent beeinflussen. Doch selbst wenn Sie ihn nur zu dreißig Prozent beeinflussen können – nutzen Sie diesen Spielraum! Ihr Berufsleben ist danach immerhin um dreißig Prozent besser. Das ist doch schon was! Wesentlich mehr jedenfalls, als ständig über den Chef klagen zu müssen.

- Verhalten: «Meine Vorgesetzte nörgelt ständig an mir rum!»
- Interpretation: «Sie hasst mich. Sie ist total unzufrieden mit mir. Sie will mich abschießen. Ich kann es ihr nicht recht machen.»
- Menschenkenntnis: Die Vorgesetzte ist offensichtlich ein Kopfmensch. Sie findet, dass man Verbesserungsmöglichkeiten sofort ansprechen muss. Sie versteht überhaupt nicht, wie das jemand persönlich nehmen kann!
- Lösung: Auf den sachlichen Kern der Kritik achten und Anerkennung aktiv einholen.

Vorgesetzte Kopfmenschen korrigieren gerne, denn sie möchten, dass alles perfekt läuft. Wenn sie dazu auch noch Realisten sind, korrigieren sie jedes kleine Detail – ohne böse Absicht! Sie können überhaupt nicht verstehen, dass Bauchmenschen dabei glauben, dass der Chef ihnen böse will! Denken Sie einfach daran: Wenn der Chef ein offensichtlicher Kopfmensch ist und Sie ständig korrigiert – er meint es nicht so! Achten Sie einfach ganz bewusst auf den sachlichen Kern seiner Korrektur: Irgendetwas gibt es schließlich immer zu verbessern. Solange Sie diesen Kern entdecken, wissen Sie auch, dass der Chef es eben nicht auf Sie abgesehen hat – denn dann würde seine Kritik jeder sachlichen Grundlage entbehren.

Wenn Sie so ein Chef stört, dann holen Sie sich aber gleichzeitig auch die Anerkennung ein, die Ihnen offensichtlich fehlt – denn aus keinem anderen Grund stört Sie das Verhaltensmuster des Chefs. Sagen Sie zum Beispiel: «Wie sind Sie, einmal abgesehen von Ihrem Hinweis eben, mit meiner Leistung bei dieser Aufgabe zufrieden?» Der Chef versteht den Wink mit dem Zaunpfahl und wird Ihnen die verdiente Anerkennung aussprechen. Wenn er ein in der Wolle gebleichter Kopfmensch ist, wird er sogar etwas sagen wie: «Natürlich bin ich sonst mit Ihnen zufrieden – sonst würde ich doch etwas sagen!» Das heißt: Wenn so ein Chef nichts sagt, ist er sehr zufrieden mit Ihnen. Selbst wenn er kritisiert, ist er zufrieden mit Ihnen. Denn er kritisiert nicht persönlich, sondern nur, um einen Missstand abzustellen.

- Verhalten: «Mein Chef vermutet in jedem Gegenargument sofort eine Palastrevolte. Wer nicht für ihn ist, ist gegen ihn!»
- Interpretation: «Er ist paranoid. Er sieht in jedem einen Gegner.»
- Menschenkenntnis: Der Chef ist ein Bauchmensch. Selbst sachliche Argumente nimmt er gleich persönlich.
- Lösung: Jedes Feedback extrem beziehungsorientiert abpuffern. Also ihm immer erst einen Punkt nennen, in dem Sie mit ihm zufrieden sind, bevor Sie ein Gegenargument anbringen. Daran erkennt er, dass Sies nicht persönlich auf ihn abgesehen haben.

- Verhalten: «Meine Chefin verliert unheimlich schnell die Fassung und wird laut!»
- Interpretation: «Sie ist eine hysterische Zicke!»
- Menschenkenntnis: Sie ist ein Bauchmensch. Sie nimmt vieles einfach sehr persönlich. Ihre Gefühlsschwankungen sind größer als bei Kopfmenschen.
- Lösung: Versuchen Sie sie um Himmels willen nicht zu beruhigen! «Nun regen Sie sich doch nicht auf!» Das regt sie nur noch mehr auf – das haben Sie sicher schon bemerkt! Gestatten Sie ihr einfach, Dampf abzulassen. Und reizen Sie sie nicht unnötig. Kommunizieren Sie ihr stets, dass Sie sie nicht persönlich angreifen.

Erkennen Sie das Muster? Es ist immer dasselbe:

- Sie beobachten ein Verhalten an Ihrem Chef, Ihrer Chefin.
- Sie stellen Ihre spontane Interpretation geistig beiseite.
- Sie aktivieren Ihre Menschenkenntnis, das heißt Sie ordnen das beobachtete Verhalten einem Verhaltensmuster zu.
- Entweder Ihnen fällt dabei sofort eine Lösungsmöglichkeit ein oder Sie testen Möglichkeiten und beobachten deren Wirkung.

Einfach, nicht wahr? Damit Sie dieses Wie-führe-ich-meinen-Chef-Muster gut beherrschen, ist lediglich ein wenig Übung nötig. Übung macht den Meister.

## Übung macht den Meister: Wie tickt Ihr Chef?

Hier finden Sie einige Zitate von Menschen, die Stress mit ihrem/ihrer Vorgesetzten haben. Die Klage besteht meist aus Verhaltensbeobachtung und Interpretation. Ordnen Sie diesen Klagen das entsprechende Verhaltensmuster (siehe Kapitel 2, «Matrix der Verhaltensmuster», Seite) zu. Die Lösungen finden Sie weiter unten.

1. «Mein Chef sagt heute so und morgen so! Der weiß nicht, was er will!»
2. «Unsere Abteilungsleiterin beutet uns gnadenlos aus. Sie ist eine alte Sklaventreiberin!»
3. «Unser Projektleiter ist ein Chaot, ein Hektiker. Der hat seinen Job echt nicht im Griff.»
4. «Meinem Chef sind die Menschen egal. Der geht über Leichen. Ein kaltschnäuziger Hund!»
5. «Mein Chef kanzelt mich vor versammelter Mannschaft ab! So ein Sadist!»
6. «Meine Chefin bevorzugt bestimmte Mitarbeiter, denen sie alles durchgehen lässt. Sie ist so was von ungerecht.»
7. «Mein Chef entscheidet stets über unsere Köpfe hinweg. Und wir können die Suppe dann auslöffeln. Er ist nicht teamfähig.»

8. «Unsere Vorgesetzte macht groß auf Teamgeist – macht dann aber doch alles so, wie sie es denkt. Sie lügt uns an.»
9. «Unser Chef stellt sich nicht vor uns, wenn es Druck von oben gibt. Er lässt uns im Regen stehen. Er opfert uns für seine Karriere.»
10. «Meine Gruppenleiterin hat immer hochfliegende Ideen – aber die Drecksarbeit überlässt sie uns. Sie ist so gemein.»

## Auflösung der Übung

1. Der Chef weiß sehr genau, was er will – sich nämlich stets nach allen Seiten offen halten, flexibel sein. Denn er ist einfach ein spontaner Mensch (4. Verhaltensmuster: Ordnungsverhalten). So einen Menschen sollte man nie mit einer Entscheidung festnageln, sondern ihm zwar fällige Entscheidungen abringen, ihm dabei aber immer Modifikationsmöglichkeiten offen lassen (die er oft nicht nützt – aber er braucht so etwas eben fürs geistige Gleichgewicht).

2. Die Abteilungsleiterin ist ein Kopfmensch. Sie meint es nicht persönlich. Sie ist einfach immer nur am bestmöglichen Ergebnis interessiert. Sie vergisst oft, dass viele Menschen auch emotionale Bestätigung brauchen: Fordern Sie sie einfach höflich, aber bestimmt ein.

3. Der Projektleiter ist Visionär. Er fühlt sich nur dann wohl, wenn er jeden Tag fünf neue Ideen vorbringen kann – was bei Realisten oft als Hektik und Chaos ankommt. Das heißt nicht, dass Sie jede seiner Ideen umsetzen müssen! Wenn ihm eine Idee wirklich wichtig ist, wird er sie schon wiederholen: Werden Sie erst dann tätig.

4. Dieser Chef ist Kopfmensch. Gefühle sind ihm einfach nicht so wichtig wie anderen Menschen. Er hat auch nicht so viel davon. Achten Sie auf seine kleinen Regungen! Wenn so ein Chef die Augenbrauen hochzieht oder anerkennend nickt, ist das in seiner Denk- und Gefühlswelt schon das größte Lob. Es ist, wie wenn ein Bauchmensch sagen würde: «Toll gemacht!»

5. Der Chef ist kein Sadist, sondern ein Kopfmensch. Ihm kommt es nur auf die Sache an – und für die Sache ist es doch wohl egal, wer noch dabeisteht; denkt zumindest er. Teilen Sie ihm Ihre Meinung mit, er wird überrascht sein: «Rügen bitte nur noch unter vier Augen!» Gewöhnen Sie ihm das an.

6. Diese Chefin ist nicht ungerecht, sondern einfach nur menschlich: Sie zieht unbewusst Mitarbeiter vor, die dieselben Verhaltensmuster wie sie haben. Das machen alle Menschen. Holen Sie sich aktiv die Anerkennung ab, die Sie vermissen – und gehen Sie ein wenig auf die Verhaltensmuster der Chefin ein.

7. Dieser Chef zeigt zwei Verhaltensmuster: Er ist ein Organisator, der immer alles sofort einordnen und entscheiden muss, und dabei noch ein Kopfmensch ist: Eine gute Entscheidung wird nicht besser, wenn viele daran mitarbeiten, denkt er. Geben Sie ihm Rückmeldung, dass Sie anderer Meinung sind und nehmen Sie mit qualifizierten Entscheidungsvorlagen frühzeitig Einfluss auf seine Entscheidungen.

8. Die Vorgesetzte ist keine Lügnerin, sondern ein Bauchmensch, dem das Team um sie herum emotional sehr wichtig ist. Gleichzeitig ist sie aber auch eine Organisatorin, die immer alles sofort entscheiden möchte. Abhilfe: siehe 7.

9. Der Chef ist kein Karrierist. Er ist ein Kopfmensch, für den die Sache zuoberst steht. Dass die Bauchmenschen unter seinen Mitarbeitern das als gefühlskalt empfinden, ist für ihn gewöhnungsbedürftig. Gewöhnen Sie ihn daran, indem Sie Feedback geben.

10. Diese Chefin ist nicht gemein, sondern einfach eine Visionärin. Sie sieht ihre Aufgabe darin, tolle Ideen zu haben, deren Umsetzung andere jedoch besser beherrschen. Und das stimmt auch, oder? Das ist Arbeitsteilung: Jemand muss tolle Ideen haben, und jemand (anderer) sie umsetzen. Sorgen Sie trotzdem dafür, dass die Chefin Ihnen gebührende Anerkennung für die Umsetzung gibt.

# Wenn nicht nur der Chef nervt

Was Sie eben über Chefs lasen, lässt sich natürlich auf alle Menschen ausdehnen. Nicht nur Chefs nerven manchmal, auch Mitarbeiter, Kunden, Kollegen, Familienangehörige, Partner ... Übertragen Sie Ihre Menschenkenntnis einfach auch auf diese Zielgruppen.

Ein Beispiel. Cornelia ist die Vorgesetzte von fünf Bankangestellten. Mit ihrem Chef kommt sie im Großen und Ganzen glänzend klar. Nicht mit Verena, einer ihrer Mitarbeiterinnen: «Warum muss Verena denn aus jeder kleinen Sache gleich ein Problem machen?», fragt Cornelia ihren Führungs-Coach. Der führt sie fragend durch das Problem: «Macht sie aus wirklich allem ein Problem?»

«Nein, das nicht. Aber aus allem, was neu oder ungewohnt ist.»

«Das ist charakteristisch für sie?»

«Ja, sicher.»

«Man könnte also sagen, dass das eines ihrer charakteristischen Verhaltensmuster ist?»

«Oh, jetzt sehe ich es auch: Sie ist Realistin. Sie ist skeptisch gegenüber Neuem, weil ihr dafür die Erfahrung fehlt. Ich sollte ihr einfach mehr Details geben und ihr zeigen, dass der neue Kundenbetreuungsprozess nicht wirklich neu ist, sondern viele Teile des alten übernimmt. Außerdem könnte ich ihr von den vielen guten Erfahrungen mit dem neuen Prozess berichten, die anderswo schon gemacht wurden.»

Genau das tut Cornelia nach der Coachingsitzung. Verena sagt darauf: «Warum haben Sie das nicht gleich gesagt? Das ist ja nichts wirklich Neues für uns!» So einfach ist Führung, wenn man die nötige Menschenkenntnis hat – und sie umsetzen kann.

# Wie Kinder ticken

Wir sind immer wieder erfreut, wenn Seminarteilnehmer(innen) uns rückmelden: «Seit dem Menschenkenntnisseminar komme ich viel besser mit meinen Kindern klar.»

## Kinderkenntnis

Menschenkenntnis macht Erziehung sehr viel leichter und vor allem erfolgreicher.

Elke erzählt: «Wenn wir auf den Spielplatz gehen, rennt Barbara sofort zu den anderen Kindern und spielt mit. Max steht nur am Rand und schaut zu. Früher habe ich immer gesagt: ‹Max, nun trau dich einfach. Spiel doch endlich mit den anderen Kindern. Die tun dir nichts.› Gebracht hat das nicht viel – außer dass er mich böse angeguckt hat. Ich dachte immer, mit ihm stimmt etwas nicht. Jetzt weiß ich: Barbara ist extravertiert, Max ist introvertiert. Er braucht viel Zeit, um mit einer neuen Gruppe warm zu werden. Also gebe ich ihm diese Zeit. Manchmal steht er zehn Minuten so da, bevor er langsam mitspielt.»

Respektieren Sie die Verhaltensmuster von Kindern. Damit tun Sie sich beiden einen Gefallen. Als Elke das noch nicht tat, und ihren introvertierten Max zur schnellen Kontaktaufnahme «erziehen» wollte, lernte Max dabei nicht die schnelle Kontaktaufnahme (deshalb schaute er immer so böse), sondern: «Was ich will, zählt nicht. Ich bin nicht wichtig.» Damit wird schon im Kindesalter der Grundstein für ein schwaches Selbstwertgefühl gelegt – und das will keine Mutter (Väter ebenso wenig). Daher:

- Verkneifen Sie sich erst einmal die üblichen «Erziehungs»-Versuche.
- Beobachten Sie zunächst unvoreingenommen: Was tut das Kind? Beobachtung ist die Basis jeder Menschenkenntnis.
- Fragen Sie sich: Gehts dem Kind gut dabei? Wenn ja, entspricht sein Handeln seinem Verhaltensmuster.
- Lassen Sie dem Kind erst einmal seinen Willen, sein Muster. In der Regel führt das Verhaltensmuster das Kind sicher an das Ziel, das dem Kind gut tut.

Erziehung ist manchmal Einflussnahme, manchmal muss man das Kind auch einfach machen lassen. Hauptsache man weiß, wann man intervenieren und wann Freiraum geben muss – aber das wissen Sie sicher längst.

Für besorgte Eltern: Wenn Ihr Kind andere Verhaltensmuster hat als Sie oder als andere Kinder desselben Alters, ist das nichts Abnormales, Krankhaftes oder Neurotisches. Kinder haben auch nicht immer dieselbe Augenfarbe wie ihre Eltern. Kinder lernen nicht alle im selben Alter sitzen, krabbeln, laufen. Jedes Kind ist anders. Sie tun sich und dem Kind einen Gefallen, wenn Sie das erst einmal akzeptieren.

Manche Kinder lernen Sprachen, Rad fahren oder andere Dinge, indem sie probieren, scheitern, probieren, scheitern ... Viele Eltern glauben, das sei normal. Das ist es nicht. Diese Kinder haben lediglich das Verhaltensmuster Spontaneität, Flexibilität. Jonas zum Beispiel fährt schon seit Monaten mit Stützrädern Rad, obwohl seine jüngere Schwester die Stützen schon nach wenigen Tagen nicht mehr brauchte. Seine Mutter macht sich Sorgen, hält ihn für unkoordiniert. Diese Sorge ist unbegründet. Denn nach sage und schreibe vier Monaten sagt Jonas eines Morgens plötzlich: «Mach die Stützräder ab!» Die Eltern sind verblüfft: Ein Lernprozess war überhaupt nicht zu erkennen! Stimmt. Ein Organisator ist ein Mensch, der die einmal gewählte Ordnung so lange aufrechterhält, bis er sich sicher ist, dass er sie nicht mehr braucht. Er macht nicht die Stützräder ab, nur um zu sehen, dass er umfällt und die alte Ordnung noch braucht. Er wechselt die Ordnung erst, wenn er ganz sicher ist, dass er sie nicht mehr braucht. Andere Menschen, vor allem, wenn sie eher zum Verhaltensmuster Spontaneität und Flexibilität neigen, halten das für überraschend und sprunghaft. Das ist es nicht.

Kinder, deren Verhaltensmuster sehr gefühlsorientiert ist, herzen und drücken andere (und Eltern) gern und häufig, während andere Kinder scheinbar teilnahmslos daneben stehen und ganz «sachlich» spielen. Das sind die Kopfmenschen unter den Kindern. Gefühlsbetonten Kindern ist es egal, was man spielt – Hauptsache die besten

Freunde spielen mit. Sachbezogenen Kindern ist es dagegen egal, wer mitspielt, Hauptsache, man spielt das Lieblingsspiel. Julian zum Beispiel geht nur mit ins Skilager, wenn sein bester Freund mitgeht. Seinem besten Freund ist völlig egal, wer mitgeht: «Hauptsache, es hat guten Schnee!» Julian ist sehr gefühlsbetont, sein Freund eher sachorientiert – und sie sind beste Freunde.

## Wie Sie Kinder am besten fördern

Wenn Erwachsene erkennen, dass Kinder eigene Verhaltensmuster haben und vor allem, wenn diese von ihren eigenen Mustern abweichen, reagieren sie oft verunsichert: «Wie fördere ich denn ein Kind mit so einem Verhaltensmuster am besten?» Die Antwort ist einfach:

### Respektieren und Ergänzen

Respektieren Sie das starke Verhaltensmuster des Kindes und fördern Sie es dabei, das «schwache» Muster zu stärken.

Elke (s. o.) macht das ganz richtig: Sie lässt Max die Zeit, die er braucht, um mit neuen Gruppen warm zu werden – auch wenn er viel länger dazu braucht als seine (stärker extravertierte) Schwester. Trotzdem möchte sie seine Extraversion stärken, denn: «Im späteren Leben muss er auch oft mit neuen Menschen zurechtkommen. Es wäre mir lieb, wenn er darin ein bisschen besser werden könnte.» Wie wir gesehen haben, scheitern Aufforderungen als Erziehungsmittel: «Nun spiel doch endlich mit den anderen Kindern!» Denn dabei verurteilt man das Verhaltensmuster des Kindes – und das motiviert nicht gerade zum Lernen.

Elke stellt es schlauer, motivierender an. Sie lässt Max gezielt mit *jüngeren* Kindern spielen: Da muss er die Chefrolle übernehmen. Da kann er nicht wie sonst minutenlang am Rand stehen und zuschauen. Jetzt muss er aus sich herausgehen. Das geht nach und nach immer besser: Max lernt sozusagen Extraversion. Da Max als Introvertierter sehr wenige, aber sehr gute Freunde hat, lädt Elke auch mal neue Kinder ein, wenn die besten Freunde miteinander spielen. So lernt Max in vertrautem Kontext, dass neue Freundschaften zu schließen und zu vertiefen nicht immer so lange dauern muss. Elke investiert in dieses «Lernprogramm» einiges an Nachdenken und Organisieren. Aber das ist es ihr wert: «Ich tue keinem introvertierten Kind einen Gefallen, wenn ich seine Extraversion vernachlässige. Sein ganzes späteres Leben muss es schließlich in Gruppen leben und zurechtkommen.»

Zwar tendieren die meisten Menschen zu einem von zwei möglichen Verhaltensmustern: eher ex- oder eher introvertiert, eher Realist oder eher Visionär. Doch im Leben braucht man immer beide Fähigkeiten, um Erfolg zu haben. Es gilt sogar: Jede Stärke wird im Extrem zur Schwäche. Ein extrem introvertiertes Kind ist zwar die reine Freude für Eltern: Es kann stundenlang für sich alleine spielen, ohne zu «stören». Das ist auch im späteren Leben eine Stärke. Je stärker diese Stärke, desto größer ist jedoch auch die Schwäche: Je mehr einer solo klarkommt, desto weniger gut kommt er meist in und mit Gruppen klar! Wenn ein Kind von einem Verhaltensmuster-Paar beide Ausprägungen beherrscht, ist es im späteren Leben viel flexibler und erfolgreicher.

Das gilt umgekehrt auch für das extravertierte Kind: Es «fremdelt» zwar überhaupt nicht – dafür kann es oft nicht mal fünf Minuten allein spielen. Doch schon bald muss es seine Hausaufgaben allein machen! Und danach seine Semester- oder Doktorarbeit. Und was Hänschen nicht lernt ... Wie fördern Sie Introversion bei einem extravertierten Kind? Indem Sie ihm einfach etwas geben, was es alleine spielen oder bewältigen muss: ein Bild ausmalen, einen Klötzchenturm bauen, etwas basteln ... Dabei lernt es nach und nach, Ruhe und Konzentration für eine Sache aufzubringen. Aber: Überfordern Sie das Kind nicht! Wenn es nach drei Minuten wieder aufspringt und quengelnd am Rockzipfel zupft, dann ist das keine Enttäuschung, sondern ein ermutigender Anfangserfolg: immerhin drei Minuten Introversion! Das ist für den Anfang schon etwas.

Fördern Sie neue Fähigkeiten – und respektieren Sie gleichzeitig die alten Verhaltensmuster.

## Realistische und visionäre Kinder fördern

Schon im Kindergarten sind die Unterschiede zwischen eher visionär und eher realistisch denkenden Kindern enorm: Die einen lieben es, in Rollen zu schlüpfen und Fantasiespiele zu spielen wie «Stell dir mal vor, wir wären ...» Visionäre Kinder benutzen am liebsten ihre Fantasie zum Spielen, realistische Kinder ihre fünf Sinne, Hände und Werkzeug. Die Realisten unter den Kindern sitzen am Tisch, schneiden aus, malen und basteln. Sie entwickeln schon früh ein inneres Programm zur Könnerschaft: Wenn sie mit einem Bild oder einer Bastelei nicht zufrieden sind, machen sie es nochmals, bis es besser wird, bis es richtig toll wird. Die visionären Kinder haben das Teil schon nach dem zweiten Versuch aus der Hand gelegt und etwas Neues begonnen.

Das visionäre Kind lebt ganz in seinen Fantasien. Gerade deshalb sollten Sie es dabei fördern, auch einmal etwas in die Hand zu nehmen und so lange zu überarbeiten, bis es präsentabel ist. Denn das wird später in der Schule und im Leben immer wieder von ihm gefordert werden: Ausführen, Machen, Handeln, Tun – das wird im Leben belohnt und bezahlt.

Umgekehrt können Sie das eher praktisch orientierte Kind auch mal gezielt Rollenspiele spielen lassen, es zur Fantasiereise anregen: «Stell dir mal vor, wir ...», «Was wäre, wenn deine Puppe schon viel älter wäre, wenn sie schon zur Schule ginge?», «Was würde ... machen, wenn ...?», «Was passiert, wenn aus den zwei Fröschen im Teich immer mehr werden?» Bei diesen kreativen Szenarien kann das Kind seine bislang vernachlässigten visionären Fähigkeiten entwickeln. Es lernt, neue Möglichkeiten zu entdecken, durchzudenken und vor allem, sich in die Zukunft hineinzuversetzen. Eine für das spätere Leben entscheidende Fähigkeit, unter deren Mangel Realisten leiden, wenn sie in der Kindheit keine Gelegenheit bekamen, sie auszubilden.

Keine Angst. Kinder finden solche Lernspiele nicht anstrengend oder pädagogisch überfrachtet. Sie haben dabei ihren Spaß. Denn dabei wird die Fantasie angeregt. Fantasie bringt jedes Kind mit – Sie müssen sie lediglich fördern!

## Kinder werden als Bauchmenschen geboren

Jedes Kind kommt als Bauchmensch auf die Welt, weil das Fühlen seine ersten Wochen bestimmt. Es fühlt vor allem. Es fühlt Hunger, Nässe und Nähe zur Mutter. Das Kind ist auf der Entscheidungsebene (drittes Musterpaar, siehe «Matrix der Verhaltensmuster», Kapitel 2, Seite 27) bestens mit dem Leben aus dem Gefühl, aus dem Bauch heraus vertraut. Also können Sie ruhigen Gewissens so früh wie möglich das komplementäre Verhaltensmuster der Entscheidungsebene, seine Logik fördern. Das geht ganz bequem im Alltag: Was folgt daraus? Was passiert, wenn wir Folgendes tun? Helfen Sie ihm, Abläufe und Ursache-Wirkungs-Zusammenhänge zu erkennen. Das geht auch schon, noch bevor es sprechen kann; nonverbal: Drücken Sie auf den Knopf, geht bei der Taschenlampe das Licht an. Das Kind nimmt begeistert die Lampe und knipst an und aus, an und aus – so lernt es die ersten Wirkungszusammenhänge.

Eltern, die eher Kopfmenschen sind, erziehen ihre Kinder oft unbewusst zu einer frühen Entwicklung ihrer Vernunft – eben weil das dem Verhaltensmuster der Eltern entspricht. Eltern, die eher Bauchmenschen sind, «vergessen» das jedoch oft. Eben weil es nicht ihrem Verhalten entspricht. Die Kinder, deren logisches Denken deshalb weniger ausgeprägt ist, kennen Sie aus eigener Anschauung oder Erfahrung: Sie lernen später an der Schule nicht, weil der Stoff interessant und intellektuell herausfordernd ist. Sie lernen nur, wenn der Lehrer nett ist! Das führt oft zu großen Lernproblemen. Denn leider sind nicht alle Lehrer so nett, dass sie ein gefühlsbetont aufgewachsenes Kind nett fände ...

Betonen eher vernunftorientierte Eltern bei der Erziehung dagegen zu stark ihr eigenes Verhaltensmuster, resultiert daraus ein Verhalten, das uns ebenfalls bekannt ist: Den Kindern fehlt es an Einfühlungsvermögen. Man hat es zu wenig gefördert. Es muss ihnen erst wieder beigebracht werden: Wie fühlt sich wohl dein Freund, wenn du ihn an den Haaren ziehst? Selbst der Kontakt zu den eigenen Gefühlen muss dem Kind erst wieder beigebracht werden: Wie fühlst du dich dabei? Hast du Angst? Bis du zornig? Das Kind muss erst wieder lernen, seine Gefühle wahrzunehmen und adäquat zu artikulieren.

## Der kleine Organisator

Kinder lieben in einem frühen Alter die Routine. Sie sind begierig darauf, herauszufinden, was die Spielregeln des Lebens sind. Betrachten wir das vierte unserer vier Verhaltensmusterpaare (siehe Kapitel 2, Seite 42), dann können wir sagen: Kinder tendieren in den ersten Jahren klar zur Organisation, nicht zur Spontaneität. Sie wünschen sich einen geregelten Tagesablauf und reagieren oft geradezu allergisch auf selbst kleinste Störungen der gewohnten Routine: Sie schlafen erst ein, wenn die Gutenachtgeschichte vorgelesen wurde – und auch nur, wenn jener Elternteil sie liest, der sie immer liest. Wehe, der andere Elternteil hat «Lesedienst». Dann heißt es spätabends oft: «Na? Waren die Kinder brav?», «Ja, sie wollten nur lange nicht einschlafen.» Kein Wunder, die gewohnte Routine war gestört.

Es liegt auf der Hand, dass ein derart stark ausgeprägter Hang zur Routine in einem späteren Leben Probleme macht, das durch Diskontinuität und Dynamik geprägt ist. Deshalb sollten Sie bei Kindern früh die Flexibilität fördern. Bitte jedoch nicht mit der Brechstange: «Heute Abend gibt es keine Gutenachtgeschichte – damit ihr euch nicht zu sehr daran gewöhnt.» Das hat einen Aufschrei des Entsetzens zur

Folge. Respektieren Sie die Verhaltensmuster und fördern Sie Veränderungen behutsam und in kleinen Schritten: «Ich weiß, dass ihr gerne eine Geschichte hören möchtet. Ich möchte heute Abend lieber ein schönes Lied mit euch singen, in dem auch eine Geschichte vorkommt.» Das ist eine verdaubare Veränderung. Dabei lernen die Kinder: Veränderungen gehören zum Leben. Veränderungen können auch gut sein – wenn die Gutenachtgeschichte ganz entfällt, lernt das Kind nämlich das Gegenteil: Veränderungen sind schlecht! Und mit diesem Glaubenssatz lebt sichs in unserer sich so schnell ändernden Welt nicht gut.

Kinder, bei deren Eltern oder Geschwister oder anderen Bezugspersonen das Verhaltensmuster der Spontaneität stark ausgeprägt ist, tendieren oft dazu, das an sich nützliche Muster zu stark auszuleben. Wir kennen das: Das Kind kriegt viel zu wenig «auf die Reihe», weil ständig irgendetwas dazwischenkommt, das es spontan erledigen muss. Bei einem Kind mag das hin und wieder süß und niedlich erscheinen – doch im späteren Leben bringt man es mit übertriebener Spontaneität nicht weit. Es gibt Dinge, die man und frau einfach zu Ende führen muss. Also zeigen Sie dem Kind schon relativ früh, wie das geht, zum Beispiel: «Geh doch mal in dein Zimmer, mach ... und bring mir ... mit.» Eine einfache, klar umrissene und vor allem kurze Aufgabe – bei der das hoch spontane Kind verschütt geht und sich nach zehn Minuten immer noch nicht hat blicken lassen. Sie finden es wahrscheinlich in eine Tätigkeit vertieft, die nun überhaupt nichts mit der ursprünglichen Aufgabe zu tun hat. Dann holen Sie es sanft aus der Spontaneität zurück: «Hallo, wolltest du nicht ...?» Wenn Sie das einige Male wiederholen, lernt das Kind immer besser: Ich lasse mich nicht mehr ablenken, wenn es darauf ankommt!

### Der Erziehungs-Check

Was erziehen Sie Ihren oder anderen Kindern automatisch und unbewusst an, nur weil es Ihren Verhaltensmustern entspricht? Für welche Verhaltensmuster möchten Sie daher künftig mehr Lernreize geben?

# Wie wissen Sie,
# welche Entscheidung gut für Sie ist?

Täglich werden uns große und kleine Entscheidungen abverlangt. Was haben Sie alles in der letzten Stunde entschieden? Lagen Sie immer richtig? Gerade bei großen Entscheidungen ärgern wir uns hinterher oft, dass wir daneben gelangt haben. Wir haben Katzenjammer, weil wir den falschen Partner, den falschen Job, die falsche Wohnung, das falsche neue Auto, das falsche Arbeitsprojekt, den falschen Urlaubsort ... gewählt haben. Wie konnte das passieren? Warum entscheiden wir uns oft ausgerechnet gegen unsere eigenen Interessen?

## Der Charakter steuert die Entscheidung

Ihre Verhaltensmuster steuern unsichtbar Ihre Entscheidungen.

Welche Verhaltensmuster sind für Ihre Entscheidungen verantwortlich? Die Muster der dritten Ebene (siehe Kapitel 2, Seite 39):

Entscheidungsverhalten         Bauchmensch         Kopfmensch

Thomas entscheidet sich bei der Wohnungssuche für die sanierte Altbauwohnung im Erdgeschoss, weil das Preis-Leistungs-Verhältnis optimal, die Verkehrslage ruhig und die Wohnfläche ausreichend ist. Welches Verhaltensmuster erkennen Sie? Thomas ist ein Kopfmensch. Er trifft seine Entscheidung aufgrund logischer Überlegung, guter Sachargumente. Doch schon wenige Wochen nach dem Einzug ärgert er sich über seine Entscheidung: Die Nachbarn sind unmöglich, der Hausmeister ein Choleriker erster Güte und das Klima im Viertel erinnert an die Studentenunruhen der 60er-Jahre. Was nützen die überzeugendsten Argumente, wenn Toms Gefühle bei der Entscheidung unter die Räder kommen? Thomas hat bei der Entscheidung gänzlich seinen Bauch ignoriert.

Carolin kündigt endlich ihren ungeliebten Job, weil sie es «mit diesen Chaoten» nicht mehr länger aushält. Ihr fällt danach ein Stein vom Herzen. Verhaltensmuster? Bauchmensch. Doch was nützt ihr die emotionale Erleichterung, wenn sie keinen neuen Job findet, weil der Arbeitsmarkt ihrer Branche vor zwei Monaten zusammengebrochen ist? Carolin hat ihre Entscheidung voll aus dem Bauch heraus getroffen und leidet nun darunter, dass sie einleuchtende Sachargumente einfach übersehen hat. Deshalb:

**Wie entscheiden Sie?**

Welcher Entscheidungsstrategie folgen Sie bislang unbewusst? Eher Kopf oder Bauch?

Wo ist die Entscheidungslücke? Kopf und Bauch – wenn Sie eines von beiden bei einer Entscheidung vernachlässigen, gehen Sie ein hohes Risiko ein, eine Fehlentscheidung zu treffen, die Sie schon bald bereuen.

**So entscheiden Sie richtig**

- Kopf oder Bauch – was habe ich bei meiner Entscheidung schon berücksichtigt?
- Was fehlt also noch, was sollte ich ergänzen?

Entscheidungen sind immer dann «richtig», wenn beides berücksichtigt wurde: Kopf und Bauch.

# Noch bessere Entscheidungen treffen

Sie können Ihre Entscheidungen noch besser treffen, indem Sie eine weitere Verhaltensebene einbeziehen; Ebene 4:

| Ordnungsverhalten | Organisator | Flexibler, Spontaner |
| --- | --- | --- |

Es gibt noch zwei weitere Möglichkeiten, sich bei Entscheidungen selbst ein Bein zu stellen. Die eine ist der Schnellschuss. Gut organisierte Menschen fallen besonders oft darauf herein, weil sie eben am liebsten immer alles sofort regeln. Sie treffen Entscheidungen schnell – und legen sich damit oft viel zu schnell fest. Seit Kapitel 2 wissen Sie, zu welchem Verhaltensmuster Sie tendieren. Sie sind eher ein Organisator?

### Entscheidungshilfe für Organisatoren

Bremsen Sie sich selbst: Gibt es einen Grund, weshalb ich diese Entscheidung noch aufschieben sollte? Was bräuchte ich noch, damit die Entscheidung wirklich nicht übereilt ist? Bis wann spätestens sollte ich die Entscheidung treffen? Und sollte ich es mir bis dahin nicht noch einmal gut überlegen?

Wenn Sie dagegen eher zur Spontanität tendieren, werden Sie schon oft festgestellt haben, dass Sie sich bei Entscheidungen oft viel zu lange nach allen Seiten offen halten. Oft so lange, dass die Sache sich schon erledigt hat, die Chance vorüber ist, die Gelegenheit verstrichen, wenn Sie endlich «zu Potte» kommen. Vor allen werden Sie vielleicht schon bemerkt haben, dass Ihr Umfeld äußerst negativ auf Ihre Zögerlichkeit reagiert: «Man weiß nie, woran man mit dir ist!», «Weißt du nun endlich, was du willst?», «Wenn er doch nur endlich wüsste, was er möchte – dann könnten wir hier weitermachen!»

### Entscheidungshilfe für Spontane

Zerlegen Sie die Entscheidung in kleine Teilentscheidungen.

Spontane Menschen mögen es nicht, sich festzulegen. Also legen Sie sich nicht so fest, dass es Ihnen gegen den Strich geht:
● Zerlegen Sie die große Entscheidung in kleine Teilentscheidungen, von denen Sie die erste schon mal treffen können – danach sieht man dann, wies läuft und kann fallweise weiterentscheiden.

- Halten Sie sich bei größeren Entscheidungen ein Hintertürchen offen: Entscheiden Sie schon mal, doch legen Sie gleichzeitig bereits fest, unter welchen Bedingungen Sie die Entscheidung selbstverständlich wieder revidieren – eben weil sich die Lage geändert hat.

Dieses Rezept lässt sich auch wunderbar auf andere Menschen anwenden: Wenn Sie als eher gut organisierter Mensch unter Chefs, Kollegen, Freunden oder anderen Menschen leiden, die trotz bester Informationslage und Entscheidungsvorbereitung Entscheidungen aussitzen und Sie damit aufhalten, handelt es sich mit größter Wahrscheinlichkeit um einen Spontanen. Machen Sie ihm die Entscheidung leichter, indem Sie sie kleiner machen: Lassen Sie ihn nicht die ganze, sondern die erste kleine Teilentscheidung treffen – das fällt ihm sehr viel leichter. Lassen Sie ihm ein Hintertürchen (s. o.) offen. Auf diese Weise bekommen Sie Ihre Entscheidung wesentlich schneller. Merke: Wenn jemand eine Entscheidung «aussitzt», ist er möglicherweise einfach ein sehr spontaner Mensch, der sich gegen Festlegungen sträubt. Machen Sie ihm die Entscheidung leichter.

## Welcher Job passt zu Ihnen?

Sie ahnen es inzwischen: Natürlich nur einer, der zu Ihrem Persönlichkeitsprofil, zu Ihren Verhaltensmustern passt. Leider sagt uns das meist keiner, bevor wir uns für den ersten oder einen neuen Job entscheiden. Wir bewerben uns meist, ohne uns unserer Verhaltensmuster bewusst zu sein. Das hat Folgen.

So bewerben sich viele Introvertierte, die sich ihrer Introversion nicht bewusst sind, auf Stellen, die überhaupt nicht zu ihnen passen. Sie wären überrascht, wenn Sie wüssten, wie viel introvertierte Menschen im Außendienst oder im Kundenkontakt arbeiten – und dort meist weder besonders erfolgreich noch zufrieden oder gar glücklich sind. Ähnlich ergeht es Extravertierten, die sich ihrer Extraversion nicht bewusst sind und sich zum Beispiel für Forschungsstellen bewerben, in denen sie dann wochenlang im stillen Kämmerlein vor sich hin forschen und analysieren müssen. Natürlich merkt jeder schon nach Wochen: «Dieser Job macht mir keinen Spaß!» Doch das ist ein Irrtum. Es ist eben nicht die Arbeit – es ist die Passung: Der Job passt nicht zum Verhaltensmuster!

### Der Traumjob

Der beste Job ist immer noch der Job, der am besten zu Ihren Verhaltensmustern passt.

Eben weil sie ihre Verhaltensmuster nicht erkennen, versuchen viele Menschen, sich trotzdem in ihrem unpassenden Job irgendwie durchzubeißen. Sie verbiegen sich dabei innerlich. Ein Introvertierter ist eben nur unter hohem Energieaufwand extravertiert. Das schafft er vielleicht drei, vier Stunden – aber acht Stunden, fünf Tage und vierzig Arbeitswochen, Jahr für Jahr? Das treibt selbst den stärksten Mann, die tollste Frau in die innere Emigration, den Burn-out oder den stillen Jobfrust. Das kostet eben zu viel Energie, verursacht zu viel Stress und Arbeitsunzufriedenheit.

Ganz anders verhält es sich, wenn der Job dem eigenen Naturell entspricht: Dann flutscht die Arbeit nur so! Ein Extravertierter im Außendienst hat richtig Spaß bei der Arbeit (mal abgesehen von den hohen Arbeitszielen) – denn sie entspricht exakt dem, was er ohnehin gern macht: viele Menschen kennen lernen, viele Kontakte erleben.

Wenn Ihr aktueller Job nicht voll Ihrem Profil entspricht – kündigen Sie nicht gleich! In jedem Job lassen sich die bislang vernachlässigten Seiten finden und stärker aktivieren. So findet ein Realist selbst in tendenziell eher visionären Jobs immer auch Routinearbeiten, bei denen er sich wohl fühlen und profilieren kann – vor allem, weil die visionären Kollegen diese Aufgaben nicht mögen und dankbar dafür sind, dass er sie übernimmt. Außerdem lässt sich auch in eine total sachliche Angelegenheit immer auch ein Fünkchen Emotion hineintragen, wenn Sie als Bauchmensch in einem eher vernunftorientierten Job gelandet sind.

### Das Jobgesetz

Ein Job ist nie so, wie er ist. Er ist so, wie Sie ihn sich machen.

Viele Menschen sagen oft nach Jahren noch enttäuscht: «Der Job ist eben nicht so, wie ich das erwartet habe.» Das ist er selten! Wenn der Job nicht Ihren Erwartungen entspricht, dann passen Sie nicht Ihre Erwartungen dem Job an – passen Sie den Job Ihren Erwartungen an! Das geht nicht immer hundertprozentig. Doch wenn Sie auch nur eine kleine Verbesserung erreichen, reicht das oft aus, um die Arbeit wieder erträglicher zu machen. Erst wenn Sie Ihrem Job entsprechend Ihrem Persönlichkeitsprofil verändert haben – das kostet Zeit, das ist eine große und lohnende Aufgabe – und dabei keine Verbesserungen mehr erreichen können und trotzdem noch unzufrieden sind, können Sie mit dem Gedanken spielen, sich nach etwas Besserem umzusehen. Etwas, das besser zu Ihrer Persönlichkeit passt. Sie werden bemerken: Wenn Sie wissen, was Sie wollen, werden Sie auch leichter Jobalternativen finden.

## Schon Hippokrates hatte eine Röntgenbrille

Inzwischen haben Sie allein vom Lesen dieser Seiten etwas Sicherheit im Umgang mit der Röntgenbrille der Menschenkenntnis (siehe Kapitel 2) bekommen. Ist diese Röntgenbrille neu? Im Prinzip nicht. Seit es Menschen gibt, machen sich Menschen Gedanken über Menschenkenntnis. Immer haben sie dabei die Form der Typologie gesucht, das heißt, sie haben versucht, Menschen bestimmten Persönlichkeitstypen zuzuordnen.

Eine dieser Typologien ist so alt und einfach, dass sie Eingang in unseren Sprachgebrauch gefunden hat – ohne dass die meisten wissen, woher die Ausdrücke kommen. Sicher kennen auch Sie Begriffe wie Choleriker, Melancholie oder phlegmatisches Verhalten. Sie gehen auf die Röntgenbrille von Hippokrates zurück, der herausgefunden hatte, dass man alle Menschen anhand von vier typischen Verhaltensmustern kennzeichnen kann, die sie in unterschiedlicher Mischung und Intensität besitzen:

- Der *Choleriker* ist nicht das, als was ihn unsere neuzeitliche Wortbelegung abstempelt (ein unbeherrschter Mensch). Hippokrates verstand darunter ursprünglich einfach einen extravertierten, sehr optimistischen Menschen, eher unemotional und ordnungsliebend, der nicht lange herumredet, sondern die Dinge einfach anpackt und erledigt. Choleriker machen.
- Der *Melancholiker* ist ein introvertierter, oft etwas pessimistischer Realist mit Hang zur Ordnung.
- Der *Phlegmatiker* ist introvertiert und eher ein Kopfmensch, Realist und gut organisiert.
- Der *Sanguiniker* ist ein hoch emotionaler, sehr extravertierter, optimistischer, meist gut gelaunter und spontaner Mensch. Ein Partylöwe, Alleinunterhalter und Stimmungsbolzen.

Wenn Sie die Typologie von Hippokrates anschauen, werden Sie feststellen, dass Sie jeden Typ wunderbar mit unseren vier Verhaltensmuster-Paaren beschreiben können. Das ist das Schöne und auf den ersten Blick Erstaunliche: Viele der verlässlichen Charakterlehren und Typologien sind weitgehend deckungsgleich.

Unsere Röntgenbrille geht übrigens auf den Schweizer Psychoanalytiker C. G. Jung zurück, der drei der vier Verhaltensmuster-Paare aufgestellt und beschrieben hat. Das vierte fügten die beiden US-Forscherinnen Myers und Briggs hinzu, als sie in den 70er-Jahren von der US-Regierung den Auftrag bekamen, herauszufinden, warum viele Vietnam-Kriegsveteranen unter PTSD (Post Traumatic Stress Disorder) litten, während viele ihrer Kriegskameraden den Krieg viel besser bewältigt hatten. Sie kamen darauf, dass «Survivor-Typen» sich besonders auf Ebene zwei und drei auszeichnen: Sie denken eher visionär, konnten daher den Krieg in einen größeren Zusammenhang stellen («Kriege sind nun mal ungerecht und grausam»), während ihre realistischen Kameraden jedes grausame Detail des Krieges immer wieder vor ihren Augen vorüberziehen sahen – als wären sie noch mittendrin. Das heißt, sie waren sehr gefühlsorientiert, ihre geistig gesunderen Kameraden dagegen eher vernunftorientiert – sie konnten die Dinge mit innerem Abstand betrachten.

Die Typologie, die beide Forscherinnen bei ihrer Arbeit entwickelten (und die wir als Grundlage für unsere Röntgenbrille benutzen), wird ihnen zu Ehren seither Myers-Briggs-Type-Indicator genannt oder kurz MBTI. Sie ist heute die zuverlässigste (das heißt wissenschaftlich validierte und reliable) und zugleich am weitesten verbreitete «Röntgenbrille der Menschenkenntnis». Sie ist so weit verbreitet, dass Sie zum Beispiel bei internationalen Business-Kongressen oft Manager treffen, die sich ihre vier Verhaltensmuster in Abkürzungen aufs Namensschild oder die Visitenkarte gedruckt haben oder sich damit vorstellen.

## Was ist Ihre wichtigste Eigenschaft?

Sie wissen inzwischen, welche vier Eigenarten des MBTI Sie auszeichnen – welche davon ist die wichtigste? Welche bestimmt Ihr Leben am nachhaltigsten? Auf welche sollten Sie daher besonders achten und dafür sorgen, dass Sie diesbezüglich immer gut versorgt sind? Das lässt sich ganz leicht sagen, nämlich anhand der vierten Ebene:

| Ordnungsverhalten | Organisator | Flexibler, Spontaner |
|---|---|---|

Entweder Sie tendieren eher zur Ordnungsliebe oder eher zur Spontaneität. Sind Sie eher ein Organisator, legen Sie sich gerne fest, treffen also schnell und gerne Entscheidungen: Damit ist das Muster Ihres Entscheidungsverhaltens das für Ihr Leben wichtigste Muster:

| Entscheidungs-verhalten | Bauchmensch | Kopfmensch |
| --- | --- | --- |

Je nachdem, ob Sie sich bei Entscheidungen eher auf Ihr Gefühl oder eher auf Sachargumente verlassen, sind Gefühle oder Vernunft die für Ihr Leben, Ihr Glück und Ihren Erfolg wichtigsten Dinge.

Wenn Sie auf der vierten Ebene (Ordnungsverhalten, s. o.) eher zur Spontaneität tendieren, dann legen Sie sich eher ungern fest – eben weil das die Spontaneität stört. Sie entscheiden spät und ungern, denn Sie denken lieber über Entscheidungen nach, als sie zu treffen. Damit befindet sich Ihr dominantes Verhaltensmuster auf der Ebene des Denkverhaltens:

| Denkverhalten | Realist | Visionär |
| --- | --- | --- |

Je nachdem, welches Muster Sie auf dieser Ebene bevorzugen, ist Ihr dominantes Verhaltensmuster im Leben eher das pragmatisch-handfeste oder das kreativ-visionäre. Wenn Sie möchten, halten Sie Ihr dominantes Muster fest:

Beim Ordnungsverhalten tendiere ich (laut den Testfragen in Kapitel 2) eher zu

☐ Ordnung und System.

Dann finden Sie Ihr dominantes Verhaltensmuster auf der Ebene des Entscheidungsverhaltens.

Beim Entscheidungsverhalten tendiere ich eher zu Entscheidungen,

☐ a) bei denen ich mich wohl fühle.

☐ b) die vernünftig und sachlich gerechtfertigt sind.

Je nachdem, was Sie eben angekreuzt haben, ist Ihr dominantes Verhaltensmuster also

☐ a) Gefühlsorientierung;
☐ b) Vernunftorientierung.

Es kann auch anders sein:

Beim Ordnungsverhalten tendiere ich (laut den Testfragen in Kapitel 2) eher zu
☐ Spontaneität und Flexibilität.

Dann finden Sie Ihr dominantes Verhaltensmuster auf der Ebene des Denkverhaltens.

Beim Denkverhalten tendiere ich eher zu
☐ a) handfesten und realistischen Überlegungen;
☐ b) kreativen und visionären Überlegungen.

Je nachdem, was Sie eben angekreuzt haben, ist Ihr dominantes Verhaltensmuster also
☐ a) realistisches Denken;
☐ b) visionäres Denken.

Die dominante Ebene Ihres Persönlichkeitsprofils kennzeichnet Sie als Person in besonderem Maße. Wie Sie an sich selbst beobachten können, springt diese dominante Komponente Ihrer Persönlichkeit in privaten und beruflichen Situationen als erste, am schnellsten an. Ob Sie dieses «Anspringen» auch zeigen, hängt davon ab, ob Sie diese Ebene nach außen oder eher nach innen ausleben. Die dominante Ebene ist zugleich Stärke und Schwäche in einem. Da sie dominant ist, ist sie besonders stark – und gleichzeitig Ihre Achillesferse.

# Die Achillesferse

Ihre dominante Ebene weist Sie auf jenen Punkt hin, an dem Sie besonders empfindlich reagieren. Menschen, bei denen die Entscheidungsebene dominant ist und die auf dieser Ebene eher zu gefühlsorientierten Entscheidungen tendieren, reagieren sehr empfindlich auf unsensible Menschen, die ihrer Meinung nach zu wenig Rücksicht auf die Gefühle anderer nehmen. Wenn sie gleichzeitig introvertiert sind, ziehen sie sich bei der Begegnung mit solchen Raubeinen schnell in die Schmollecke zurück. Wenn sie extravertiert sind, gehen sie auf die Palme oder sagen dem anderen kräftig ihre Meinung.

Wenn die Entscheidungsebene Ihre dominante Ebene ist und Sie auf dieser Ebene eher zu sachorientierten Entscheidungen tendieren, dann reagieren Sie besonders empfindlich auf «Weicheier»; auf Menschen, die Ihrer Meinung nach zu viel Wert auf Gefühle und Beziehungen, auf Stimmungen und Befindlichkeiten, auf Harmonie und Eintracht legen, anstatt sich «vernünftig» um die Sache, die Inhalte, die Angelegenheiten zu kümmern.

Wenn dagegen das Denkverhalten Ihre dominante Ebene ist und Sie auf dieser Ebene zu einem ausgeprägten Realitätssinn tendieren, reagieren Sie empfindlich auf Menschen, die Ihrer Meinung nach zu abstrakt reden, nicht konkret werden, um den heißen Brei herumreden, nicht auf den Punkt kommen und nicht bei der Sache bleiben können. Wenn Sie auf dieser Ebene eher zu visionärem Denken tendieren, werden Sie sich dagegen eher über Menschen aufregen, die klein-klein denken, alles supergenau wissen möchten, auf Details herumreiten und im Gespräch auf Dinge zurückkommen, die eigentlich schon längst erledigt und abgeschlossen sind.

## Stolpersteine der Menschenkenntnis

Vielleicht haben Sie sich schon gewundert: «Menschenkenntnis ist im Grunde ziemlich einfach!» Um einen Menschen zu durchschauen, brauchen Sie lediglich seine charakteristischen Verhaltensmuster zu erkennen. Wenn das so einfach ist, warum tun wirs dann nicht längst? Weil wir

- es uns seit Jahren angewöhnt haben, nicht so genau hinzuschauen, was ein Mensch macht;
- vielmehr ganz spontan darüber interpretieren, was ein Mensch macht. Wir nehmen den anderen also verzerrt wahr – das Gegenteil von Menschenkenntnis;
- Wir belassen es nicht bei dieser Verzerrung, wir blasen sie auch noch auf. Beispiel: Der Chef grüßt mich heute morgen nicht. Interpretation: «So ein hochnäsiger Kerl.» Eskalation: «Das zahle ich ihm heim!» Ich lasse ihn bei nächster Gelegenheit auflaufen. Der Chef reagiert negativ. Interpretation: «Typisch für ihn.» Und so weiter.
- Als Krönung der Eskalation folgt die Stigmatisierung: «Mein Chef ist ein arroganter Möchtegern.» Weil er einer ist? Nein, weil er mich einmal nicht gegrüßt hat und ich daraufhin ausrastete. Wenn Sie diese Überreaktion für verrückt halten, teilen wir Ihre Meinung.
- Zu guter Letzt setzen wir dem Ganzen noch die Krone auf und halten Eskalation und Stigmatisierung für Menschenkenntnis: «Ich weiß doch, wie der Chef ist!»

Dabei ist es ganz einfach, diese Verzerrungen abzuschalten. Halten Sie sich einfach an die folgende Checkliste, die das Kapitel übersichtlich zusammenfasst.


## Auf einen Blick: Verstehen, wie Menschen ticken

- Menschenkenntnis heißt: Erst mal ganz bewusst nichts denken, sagen oder tun, sondern einfach nur ganz genau und unvoreingenommen Menschen beobachten: Was tut er, sie? Man kann das auch als Respekt vor dem anderen bezeichnen.

- Legen Sie jede spontane Interpretation geistig ganz bewusst beiseite. Sie verzerrt nur Ihre Wahrnehmung. Menschenkenntnis ist auch ein Prozess der Bewusstwerdung – nämlich des anderen und meiner selbst.

- Profis der Menschenkenntnis erkennen sich selbst, wenn sie andere erkennen: Was sagt meine Interpretation des anderen über mich selbst aus? Wenn ich Sympathie/Antipathie für ihn/sie empfinde, was sagt das über mein eigenes Verhaltensmuster aus?

- Haben Sie den Blick von interpretierenden Verzerrungen frei gemacht, können Sie den anderen so erkennen, wie er ist: Sie ordnen seinem Verhalten die entsprechenden Verhaltensmuster zu. Das ist der Aha-Effekt der Menschenkenntnis: Jetzt verstehen Sie ihn plötzlich! Das ist der Moment der Wahrheit, der magische Augenblick der Erkenntnis.

- Jetzt sehen Sie den anderen im Sinne des Wortes «mit anderen Augen». Frei von Ärger, Stress und Missverständnissen.

- Selbst wenn es Ihnen einmal nicht gelingt, ein bestimmtes Verhalten einem der vier Muster zuzuordnen: Behandeln Sie es einfach vorläufig als charakteristisches Verhaltensmuster – schon allein damit kommen Sie besser mit dem anderen klar. Weil sie ihn respektieren. Das merkt er. Das zahlt sich aus.

# 4. Jeder Mensch spricht seine eigene Sprache

## Auch die Sprache ist typisch

Wie wir auf den vorangegangenen Seiten sahen, verhalten sich Menschen oft nach ganz bestimmten, typischen Verhaltensmustern. Sobald Sie diese Muster erkennen können, können Sie Menschen relativ leicht durchschauen und beeinflussen. Sie müssen dazu die Menschen noch nicht einmal beobachten – Sie müssen ihnen lediglich zuhören:

### Menschen sprechen typisch

Die Sprache eines Menschen verrät Ihnen, was Sie über ihn gerne wissen möchten.

Wann immer ein Mensch etwas sagt – egal zu welchem Thema – gibt er immer auch etwas über sich selbst preis; nämlich über die Art und Weise, wie er es sagt. Sprache ist verräterisch. Sprache ist vor allem typisch, weil jeder Mensch einen ganz bestimmten Sprachstil hat. Jeder spricht in typischen Sprachmustern – je nachdem, welchen Verhaltensmustern er folgt (siehe Kapitel 2, Matrix der Verhaltensmuster, Seite 27):

- Ein extravertierter Mensch spricht anders als ein introvertierter.
- Ein Mensch, der sich an Erfahrungen aus der Vergangenheit orientiert, spricht anders als einer, der sich eher an zukünftigen Entwicklungen orientiert.
- Ein Mensch, dem Gefühle wichtiger sind als Sachargumente, spricht anders als ein Mensch, dem gute Argumente wichtiger als Gefühle sind.

- Ein gut organisierter Mensch spricht anders als ein spontaner Mensch.

Um einen Menschen zu erkennen, durchschauen und ihn in Ihrem Sinne beeinflussen zu können, brauchen Sie also nichts anderes zu tun, als
- ihm gut zuzuhören,
- seinen Sprachstil zu erkennen,
- die Verhaltensmuster hinter seinen Sprachmustern zu erkennen.

Das betrachten wir jetzt genauer für die vier typischen Paare von Verhaltensmustern.

## Wie Extra- und Introvertierte sprechen

Vielleicht haben Sie sich schon über Menschen gewundert, die Ihnen schon kurz nach der ersten Begegnung die persönlichsten Dinge verrieten: gesundheitliche Beschwerden, familiäre Probleme ... Dabei kannten Sie den anderen noch gar nicht so lange! Diese Offenheit im Gespräch ist typisch für extravertierte Menschen. Da sie sehr kontaktintensiv leben, ist jeder Kontakt für sie sehr persönlich und direkt. Wenn Ihnen das etwas zu persönlich, vorschnell oder zu vertraut vorkommt, haben Sie dabei eine wichtige Erkenntnis über sich selbst gewonnen: Sie sind offensichtlich eher introvertiert. Finden Sie es dagegen ganz normal, dass man sich relativ schnell auch persönliche Dinge erzählt, sind Sie eher extravertiert.

Sicher kennen Sie auch Menschen, mit denen Sie schon Monate oder gar Jahre zusammenleben, arbeiten oder Freizeitaktivitäten pflegen, von denen Sie aber selbst in dieser langen Zeit noch nicht einmal erfahren haben, ob Sie verheiratet sind, wie viele Kinder oder genau welchen Beruf sie haben. Es gibt Menschen, die man sehr lange kennt – und über die man trotzdem nicht viel Persönliches weiß. Im Grunde kennt man sie gar nicht richtig! Das sind introvertierte Menschen. Erkennen Sie dieses Verhaltensmuster nicht, kann es leicht zu Missverständnissen kommen: «Warum ist er immer so verschlossen? Misstraut er mir etwa?» Nein, er ist lediglich introvertiert.

Mangelnde Menschenkenntnis führt auch auf der Seite der Introvertierten häufig zu Missstimmungen: «Wir kennen uns doch erst seit letzter Woche – wie kann sie mir so eine indiskrete Frage stellen!» Weil sie extravertiert ist. Sie ist nicht indiskret, sie sucht lediglich einen intensiveren Kontakt als der Introvertierte, der sich hier beklagt.

Ein Pärchen besucht abends eine neue Disco. Er meint: «Hier drin kann man ja seine eigenen Gedanken nicht mehr hören!» Sie: «Wieso? Hier gehts doch voll ab!» Während die beiden auf den nächsten Beziehungskrach zusteuern, wissen Sie es inzwischen besser: Die Sprachmuster verraten ihn als intro-, sie als extravertiert. Würden beide ihre Sprachmuster richtig erkennen, hätten sie keinen Krach, sondern viel Spaß mit- und aneinander.

«Der neue Kollege hat einfach keine Ahnung. Ich erzähle ihm fünf Minuten lang von unserer Marktkonzeption, und er schaut mich nur stumm an und nickt!» Falsch. Der neue Kollege ist nicht inkompetent, sondern lediglich introvertiert, also ein perfekter Zuhörer. Er denkt zuerst (lange) nach, bevor er etwas sagt – wenn überhaupt. Doch er hört so gut zu, dass er ganze Passagen des Gesprochenen wortwörtlich wiedergeben könnte.

«Sie ist so eine Quasselstrippe. Nix in der Birne, aber ständig die Klappe offen.» Erkennen Sie das? Richtig, eine Interpretation. Was sagt Ihnen Ihre Menschenkenntnis? Sie ist nicht dumm. Sie ist extravertiert. Das heißt, sie denkt beim Reden. Menschen ohne Menschenkenntnis unterstellen zwar oft: «Sie sollte erst mal nachdenken, bevor sie die Klappe aufreißt!» Doch das ist Unfug. Ein Extravertierter muss sprechen, um zu denken. Er braucht einen Gesprächspartner, um Angelegenheiten mit ihm durchzusprechen und beim Sprechen Ordnung in seine Gedanken zu bringen. Er handelt nach einem Leitspruch aus «Alice im Wunderland»: «Wie kann ich wissen, was ich denke, bevor ich höre, was ich sage?»

«Nun leg doch nicht jedes meiner Worte auf die Goldwaage!» Wer sagt das? Ein Extravertierter zu einem Introvertierten. Der Introvertierte erwartet, dass jeder Mensch in zitierfähigen Sätzen spricht – nur weil er das tut.

Ein Musterbeispiel für die wohltuende Wirkung von Menschenkenntnis sind Klara und Eugen. Er ist extrem extravertiert, sie eher introvertiert. Sie lässt ihn reden, so viel er mag: «Wenn er redet, hilft ihm das beim Denken.» Er missversteht ihr oft minutenlanges Schweigen nicht mehr als Ablehnung, sondern: «Sie sagt nicht viel. Aber sie hört mir besser zu, als ich mir selbst zuhöre. Und wenn sie etwas sagt, hat es Hand und Fuß.»

### Sprache ist Signal

Achten Sie auf die Sprache des anderen. Sie verrät Ihnen sein Verhaltensmuster.

Ist das nicht toll? Sie brauchen keine Röntgenbrille, um andere Menschen zu durchschauen. Jeder Mensch liefert Ihnen frei Haus alles, was Sie wissen müssen, um ihn zu durchschauen – durch seine Sprache! Sie müssen ihm lediglich zuhören.

## Wie Realisten reden

«Das neue Formular zur Kundenbetreuung bringt doch nichts!», sagt die Mitarbeiterin. Ihre Chefin reagiert empört: «Wie können Sie das behaupten, wo wir uns solche Mühe damit gemacht haben?» Erkennen Sie das Missverständnis? Die Mitarbeiterin macht nicht das neue Formular schlecht – auch wenn sie das sagt. Doch im Grunde meint sie etwas ganz anderes damit. Können Sie erkennen, was?

## Skeptisch allem Neuen gegenüber

Realisten sind allem Neuen gegenüber erst einmal skeptisch eingestellt (denn es ist eben noch nicht «real», das heißt durch Erfahrung belegt).

Kein Wunder, denn in ihrem Leben zählt vor allem die Erfahrung – und zu etwas Neuem gibt es eben noch keine Erfahrung! Kein Wunder, misstraut der Realist Neuem. Wundern Sie sich also nicht, wenn Sie Widerspruch ernten, sobald Sie etwas Neues vorschlagen. Der Realist *sagt* zwar: «Das finde ich blöd!», doch was er damit *meint*, ist: «Es ist neu und mit Neuem habe ich so meine Probleme!»

## Hören Sie richtig hin!

Achten Sie nicht so sehr darauf, was Menschen sagen, sondern was sie damit meinen.

Raten Sie nicht, was der andere wohl meint. Raten heißt interpretieren. Und wie sinnlos Interpretationen sind, haben Sie schon gesehen (siehe Kapitel 3, Seite 52). Was Menschen eigentlich meinen, erkennen Sie immer nur, indem Sie ihre Sprachmuster auf die dahinter stehenden Verhaltensmuster zurückführen. Wenn ein Realist sich beispielsweise gegen Neues ausspricht, meint er damit nicht «Ich bin dagegen!». Er meint damit lediglich: «Ich bin Realist. Ich kann mit Neuem erst warm werden, wenn mir jemand ein paar Erfahrungswerte über Vergleichbares verrät!»

Gerlinde und Susi organisieren eine Party für ihre Clique. Gerlinde sagt: «Wie halten wir eigentlich die vielen Getränke kalt? Unser Kühlschrank ist viel zu klein dafür!» Susi meint: «Nun stell dich nicht so an! Solche Kleinigkeiten können wir doch nachher noch klären!» «Aber das ist keine Kleinigkeit! Wenn die Sachen nicht schön kühl sind, gehen die Leute nach einer halben Stunde heim!» «Nun mach doch wegen dieses Details keinen Aufstand!»

Susi hält Gerlinde nach solchen Auseinandersetzungen für eine echte Nervensäge. Gerlinde hält Susi für eine «abgehobene Träume-rin». Welche typischen Verhaltensmuster erkennen Sie hinter diesen Interpretationen? Susi denkt in der konkreten Situation ans große Ganze, Gerlinde eher an die Details. Seit sie wissen, welche Verhal-tensmuster dahinterstehen, läuft es besser zwischen beiden – auch das Fetenorganisieren. Jede kennt inzwischen ihre eigenen Verhaltens-muster und die der anderen. Also sagt meist eine der beiden: «Lass uns erst mal in groben Zügen die Sache durchplanen – um die De-tails kümmern wir uns dann später.» Damit sind beide zufrieden. Susi versucht eben nicht, Gerlinde ihre Detailwut auszureden – denn das geht nicht. Das würde gegen ihr Verhaltensmuster gehen. Und Ger-linde versucht nicht, Susi zu viel Detailarbeit aufzuzwingen – denn das ginge Susi gegen den Strich.

## Magische Worte und Fettnäpfchen bei Realisten

Wenn Sie über Menschenkenntnis verfügen, können Sie die Sprache eines Menschen deuten. Sie hören, was er sagt, und können gleich-zeitig darin erkennen, was er eigentlich damit meint. Sie können ihn dadurch besser verstehen. Gleichzeitig werden Sie selbst besser ver-standen.

### Die Sprache des anderen sprechen

Wenn Sie unter Garantie bei einem Menschen ankommen wollen – sprechen Sie einfach seine Sprache!

Wenn Sie möchten, dass ein anderer Sie auf Anhieb versteht, sprechen Sie seine Sprache. Diese Sprache versteht er am besten, weil er sie seit Jahren spricht. Das heißt: Benutzen Sie die für sein Verhaltensmuster typischen Signalworte. Wenn Sie also zu Realisten sprechen,

- beziehen Sie sich auf die Erfahrung: «wie die Erfahrung zeigt», «aus meiner Erfahrung heraus», «erfahrungsgemäß können wir sagen»;

- geben Sie viele Details, je mehr, desto besser;
- reden Sie praxisorientiert, mit direktem Praxisbezug, pragmatisch und praktisch – «praktisch» ist ein Lieblingswort von Realisten;
- belegen Sie das, was Sie sagen, mit Erfahrungsberichten, Fallbeispielen, Praxisbeobachtungen und Statistiken;
- verweisen sie auf Vorbilder, andere Anwender, Referenzkunden;
- reden Sie sehr konkret, einfach und strukturiert;
- verweisen Sie auf «Bewährtes» und «Erprobtes», zeigen Sie, dass etwas «praxisbewährt» und «verlässlich» ist.

Wenn Sie das, was Sie sagen möchten, glaubhaft und nachvollziehbar mit diesen Signalworten in Verbindung bringen können, haben Sie den Realisten auf Ihrer Seite. Denn das ist die Sprache, die er versteht. Wenn ein Realist Sie fragt: «Aber was heißt das jetzt konkret?», wissen Sie dagegen, dass Sie verbal ins Fettnäpfchen getreten sind. Vermeiden Sie solche Fettnäpfchen, die erfahrungsorientiert denkende Menschen auf die Palme treiben:

- Schreckworte wie «Chancen», «Ideen» oder – ganz schlimm! – «Visionen» – dahinter stehen für den Realisten eben keine handfesten Erfahrungen.
- Abstrakta wie «Wertschöpfung», «Entwicklung», «Prozess», «Potenziale» – darunter kann sich der Realist nichts Konkretes vorstellen.
- «Das große Ganze», «das große Bild», «die größeren Zusammenhänge», «ganzheitlich», «systemisch» – der Realist sieht lieber die Details, weil die eben handfest sind.

## So reden Visionäre

Der Mann kommt von der Arbeit. Seine Gattin fragt ihn: «Und – wie war dein Tag?»
«Ganz ordentlich.»
Sie kocht innerlich und klagt Minuten später ihrer besten Freun-

din am Telefon: «Er macht einfach nicht den Mund auf! Er erzählt mir nie von seiner Arbeit! Er ist immer so verschlossen.»

Inzwischen wissen Sie es besser: Nichts davon trifft zu. Der Eindruck trügt. Er ist nicht verschlossen, er ist eher ein im großen Ganzen denkender Mensch. Für ihn kommt es nur aufs Wesentliche an – und das kann man in einem Satz sagen. Muss man sogar, denn sonst langweilt man andere – denkt der Visionär, der nicht weiß, dass er Visionär ist und dass Realisten sich gerne über Handfestes, und zwar in allen Details «langweilen». Höflichkeitshalber gibt er die Frage zurück:

«Und wie war dein Tag?»

«Das glaubst du nicht! Stell dir vor, an der Ecke zum Supermarkt treffe ich Bärbel. Und die Bärbel erzählt mir von ihrem Mann, den sie neulich nach Singapur versetzt haben. Und da hat er jetzt ...»

Er kocht innerlich und klagt am Abend nach dem Sport seinen Vereinskollegen: «Ich muss ihr nur ein einziges Stichwort geben – und sie redet mir das Ohr blutig! Wer will denn das alles wissen?» Sie. Denn sie ist Realistin. Handfeste Erfahrungen interessieren sie so brennend, dass sie jedes Detail daran interessiert. Deshalb glaubt sie, dass auch andere Menschen sich brennend für Details interessieren. Man geht ja unbewusst immer von sich selbst aus ...

Inzwischen haben beide ihre Menschenkenntnis aufgefrischt und kommen jetzt besser miteinander aus. Sie weiß: «Wenn mich Details seines Arbeitstages interessieren, muss ich ihn danach fragen – denn wenn ich das nicht tue, glaubt er, dass sie nicht wesentlich für mich sind.» Details geben Visionäre nur auf Nachfragen preis – aber dann gerne. Er seinerseits weiß nun: «Sie erwartet nicht, dass ich mitdiskutiere, wenn sie mich mit ihrer Detaillawine zuschüttet. Sie erwartet lediglich, dass ich das Wesentliche mitbekomme und ihr etwas Aufmerksamkeit schenke.» Und das können Visionäre tadellos.

# Magische und Reizworte für Visionäre

Wenn Sie bei einem visionären, strategisch denkenden Menschen an-kommen wollen, sprechen Sie von Strategien, Möglichkeiten, Chancen, Potenzialen, Entwicklungsmöglichkeiten, Innovationen, Konzepten, Visionen, Zukunftsentwürfen ... Schauen Sie mit ihm «in die Zukunft», entwerfen Sie the Big Picture, das große Ganze, die entscheidenden Zusammenhänge. Streuen Sie Adjektive ein wie neu, innovativ, bahnbrechend, ungewöhnlich, überraschend, neuartig, originell, ausgefallen, bislang unmöglich, systemisch, ganzheitlich, global, vernetzt, künftig ...

Das geht nicht ohne weiteres? Richtig, dazu müssen Sie erst das, was Sie sagen wollen, in die Sprache des anderen übersetzen. Kerstins Sekretärin zum Beispiel quälte Kerstin wochenlang mit der wiederholten Bitte nach einem neuen Kopierer, weil der alte für die gestiegene Auflagenzahl einfach zu langsam war. Kerstin hatte bereits ein gutes Dutzend mal «keine Zeit», «kein Geld», «gerade keinen Nerv» für so was. Weil sie keine Zeit, kein Geld oder keinen Nerv dafür hatte? Nein, weil sich Visionäre wie Kerstin nicht um routinemäßigen Kleinkram wie Kopierer kümmern – vor allem, wenn diese noch funktionieren! Kerstins Sekretärin wusste inzwischen, dass Kerstin strategisch orientiert denkt und überlegte sich einen ganzen Tag lang, wie sie der eigentlich platten Bitte nach einem neuen Gerät irgendeinen visionären oder innovativen Touch abringen könnte. Schließlich fiel ihr Blick auf einen Prospekt, und sie hatte die Lösung: «Da gibt es jetzt einen neuen (Signalwort für Visionäre!) Kopierer mit einem revolutionären (Signalwort) Scanverfahren.» Damit war Kerstins Interesse geweckt, und sie ließ sich fünf Minuten abringen, in denen sie das neue Gerät genehmigte. Vor allem, nachdem die Sekretärin ihr skizziert hatte, welche Effizienzeffekte ein höheres Kopiertempo künftig auf den kompletten Wertschöpfungsprozess in der Abteilung (Signalwort: das große Ganze!) haben wird.

## Der Ton macht die Musik

Es kommt zwar auch auf das an, was Sie sagen (den Inhalt). Doch entscheidend ist immer, *wie* Sie es sagen (das Sprachmuster).

Menschen reagieren nicht so sehr auf Inhalte, sondern auf die Sprachmuster, mit denen die Inhalte «verpackt» sind. Kerstins Sekretärin erinnert sich mit Grauen an ihre früheren Überredungsversuche: «Ich habe sie mit den überragenden technischen Details des neuen Gerätes bombardiert!» Da ist sie in ein Fettnäpfchen getreten. Das war das komplett falsche Sprachmuster für Kerstin. Denn für einen Visionär sind alle folgenden und vergleichbaren Worte und Redewendungen abschreckende Reizworte:

- Details (interessieren Visonäre nicht, eher das große Bild),
- Erfahrung (Möglichkeiten sind Visionären viel wichtiger),
- «Nun bleiben Sie mal auf dem Boden!» Nein, Visionäre wollen abheben!
- Routine (hassen Visionäre),
- «wie üblich» (Visionäre hassen Routinejobs),
- Step-by-Step-Vorgehensweisen (Visionäre wollen es jedesmal innovativ und neuartig)
- «Lass dir doch nicht alles aus der Nase ziehen!» Eine Beleidigung für einen Visionär, der stolz darauf ist, dass er nur Wesentliches sagt und nicht mit Details langweilt.

«Nun kommen Sie mal auf den Punkt!», «Was heißt das jetzt in einem Satz?», «Kommen Sie endlich zur Sache!», «Machen Sie's kurz!» Wenn jemand so etwas zu Ihnen sagt, ist er nicht unhöflich. Er denkt lediglich strategisch. Er gibt Ihnen durch die Blume zu verstehen, dass Sie ihn gerade mit Details langweilen. Geben Sie ihm einfach, was er sich wünscht: Alles möglichst in einem Satz zusammengefasst. Wenn Sie eingefleischter Realist sind, ist das ungewohnt für Sie. Doch die kleine Umstellung lohnt sich – denn Sie werden bei Visionären künftig glänzend ankommen! Wenn Sie einem Visionär unbedingt Details mitteilen müssen, wird er erst empfangsbereit dafür sein, wenn Sie ihm zuvor das große Ganze entworfen haben, ihm gezeigt haben, wozu die Details wichtig sind und welche Auswirkungen sie auf das große Ganze haben werden.

### Argumentationsfolge

Sprechen Sie zu einem Visionär immer erst über das große Ganze, die Zusammenhänge, bevor Sie ihm Details geben. Erst dann kann er sie einordnen.

«Was gibts Neues?», ist übrigens ein typischer Begrüßungssatz von Visionären. Was antwortet der eingefleischte Realist darauf? «Alles beim Alten.»

# Mit Bauchmenschen reden

Jeder Mensch hat einen Kopf und einen Bauch. Jeder ist mit Gefühlen und mit Verstand ausgestattet. Beides wird lediglich unterschiedlich intensiv genutzt. Für viele Menschen spielen Gefühle eine weitaus größere Rolle als für andere. Sie sind sich ihrer Gefühle stärker bewusst, leben sie stärker aus und zeigen Ärger und Freude, Trauer und Begeisterung viel eher und stärker als andere Menschen. Das wissen wir im Grunde längst. Das Problem ist nur: Wir übersehen meist, was das für den sprachlichen Umgang miteinander bedeutet.

«Die Milch im Kühlschrank ist schon wieder alle!»

«Ich war das nicht! Ich habe nicht den letzten Rest ausgetrunken und dann keine neue gekauft!»

Warum reagiert sie so empfindlich? Warum verteidigt sie sich, obwohl sie doch niemand angegriffen hat? Sicher kennen Sie auch einige Menschen, die sich sofort persönlich angegriffen fühlen und schmollen oder böse werden, auch wenn Sie etwas ganz Sachliches sagen! Ticken die noch richtig? Sicher, sie ticken lediglich emotionaler als andere Menschen. Bauchmenschen verteidigen, entschuldigen und rechtfertigen sich auch dann schon, wenn noch gar niemand einen Vorwurf erhoben hat.

## Behutsam mit Bauchmenschen umgehen

Bauchmenschen nehmen Gesagtes sehr schnell und leicht persönlich. Kommunizieren Sie ihnen bei heiklen Themen daher am besten vorab, dass Sie niemandem einen Vorwurf machen.

Auf dem Kinderspielplatz. Mäxchen reißt Katrinchen das Sandsieb aus der Hand und schubst sie weg. Katrinchens Mutter fragt Mäxchens Mutter: «Macht er das öfter?» Die Frage ist mit einem verständnisvollen Lächeln gestellt und ganz unverfänglich gemeint – doch die Mutter von Max ist sofort auf 180: «Was soll das heißen? Wollen Sie mir etwa vorwerfen, dass mein Kind verhaltensauffällig ist?» Die Mutter von Katrinchen ist entsetzt: «Aber so habe ich das doch gar nicht gemeint!» «Dann lassen Sie mich gefälligst in Ruhe. Ich sage Ihnen ja auch nicht, wie Sie Ihren Balg erziehen sollen!» Ist Mäxchens Mutter eine gemeingefährliche Cholerikerin? Nein, sie ist lediglich ein ausgeprägter Bauchmensch. Sie nimmt die Dinge sehr schnell persönlich. Wenn man das mal weiß, kommt man prima mit ihr klar. Man sollte lediglich nicht versuchen, ihr das auszureden. Denn das ginge gegen ihre Natur, gegen ihr Verhaltensmuster.

«So direkt können Sie doch nicht mit den Leuten reden!», «In diesem Ton bitte nicht!», «Wir sollten untereinander einen kollegialen Umgangston pflegen.» Wer spricht hier? Ein gefühlsorientierter Mensch. Heißt das, dass derjenige, an den diese Worte gerichtet sind, ein unhöflicher Verbalbarbar ist? Nein, es heißt lediglich, dass Bauchmenschen offene, direkte und ungeschminkte Worte bereits als Vorwurf auffassen und sehr persönlich nehmen.

Bauchmenschen reagieren sehr empfindlich auf sachliche und direkte Worte. Menschen ohne Menschenkenntnis legen das in der Regel als Charakterschwäche und mangelndes Durchsetzungsvermögen aus. «Nicht tough enough fürs Business!», ist ein typisches Urteil dazu.

«Was für eine Mimose!» Dabei hat diese Tendenz nichts mit Mimosenhaftigkeit oder Durchsetzungsvermögen zu tun. Es ist lediglich ein typisches Verhaltensmuster von gefühlsbetonten Menschen.

«So eine launenhafte Diva!» Wer sagt das? Ein Kopfmensch über einen Bauchmenschen. Kopfmenschen halten Bauchmenschen wegen ihrer größeren Bandbreite an artikulierten Gefühlen oft für diven- und launenhaft, unausgeglichen und wankelmütig. Dabei geben sie ihrem breiteren Gefühlsspektrum einfach mehr Ausdruck.

## Kopfmenschen reden anders

«Nicht getadelt ist gelobt genug!» Jeder kennt mindestens einen Chef oder ein Familienoberhaupt, das nach diesem Motto seine Mitarbeiter oder seine Familie behandelt. Solchen Menschen wird oft Führungsunfähigkeit vorgeworfen. Ein Zeichen mangelnder Menschenkenntnis. Denn solche Chefs und Familienoberen denken einfach lieber kühl und sachlich. Sie würden niemals etwas offensichtlich Gutes loben – denn dass es gut ist, ist doch offensichtlich! Sie würden das für Gefühlsduselei und Anbiederung halten. Es wäre ihnen peinlich. Etwa so peinlich wie der Satz «Nachts ist es dunkel» – das sieht doch auch jeder, also wozu soll man das noch extra sagen? Wenn Sie einem sachorientiert denkenden Menschen mangelnde Führungskompetenz oder gar Gefühlskälte vorwerfen, werfen Sie ihm ein Verhaltensmuster vor, das für ihn so typisch ist wie seine Augenfarbe! Das macht keinen Sinn. Vor allem ändert es nichts. Es eskaliert die Situation lediglich.

«Nun bleiben Sie mal sachlich.» Heißt das, dass Sie eben unsachlich waren? Nein, das heißt lediglich, dass Ihr Gegenüber ein eher vernunftorientierter Mensch ist, der schon den leisen Anflug von Gefühl in der Kommunikation für unangebracht hält.

«Warum ist sie denn so zickig?», «Kuscheldidaktiker!», «Ich kann nicht mit ihm streiten. Er ist so schnell eingeschnappt!» Das sind typische Äußerungen von Kopfmenschen. Heißt das, dass der andere eine

Mimose oder Zicke ist? Nein, das heißt lediglich, dass Kopfmenschen mit Gefühlsäußerungen oft ihre Probleme haben. Kopfmenschen können es nicht verstehen, wenn andere Menschen emotional werden: «Was soll denn das? Bleiben Sie objektiv! Es geht schließlich um die Sache!» Das glaubt der Kopfmensch. Der Bauchmensch jedoch glaubt: «Nein, es geht auch um die Gefühle der Beteiligten, um die Beziehung.»

## Reizworte für den Bauch

Wenn Sie einen eher emotionalen Menschen gegen sich aufbringen wollen, müssen Sie lediglich folgende Formulierungen und Reizworte aussprechen:

- «Sei doch nicht immer so emotional!» Aber genau das will der emotional orientierte Mensch gerade!
- «Bleiben Sie bitte sachlich!» Das ist das Letzte, was er möchte.
- «Job ist Job und Schnaps ist Schnaps.» Das hält er für einen menschenverachtenden Spruch.
- «Es kommt einzig und allein auf den objektiv gegebenen Sachverhalt an.» Heftiger Widerspruch: Es kommt auch auf Gefühle und Beziehungen an!
- «Nun seien Sie doch nicht so gefühlsdusselig!» Nein, aber emotional möchte er oder sie sein.
- «Greifen Sie mal durch in dem Laden!» Würde ein emotional orientierter Mensch nie tun, weil dabei zu viel emotionaler Schaden entstünde.
- «Treten Sie den Kerlen doch einfach mal kräftig vors Schienbein!» Da tut einem Bauchmenschen schon der Gedanke daran weh!
- «Nun seien Sie doch mal vernünftig!» Nein, ein Bauchmensch möchte zwar auch vernünftig sein, doch in erster Linie ist er an einem harmonischen Miteinander interessiert.

Allergisch reagieren emotional orientierte Menschen auch auf Schimpfwörter aller Art und auf – in ihrer Sicht – menschenverachtende Euphemismen wie: Humankapital (statt Mitarbeiter), Freisetzung (statt Entlassung), Minuswachstum (statt Verlust). Wenn Sie präsentieren und dabei nach der ZDF-Maxime vorgehen (Zahlen, Daten, Fakten), verlieren Sie die Bauchmenschen im Publikum. Deshalb kommt der Werbespruch «Fakten, Fakten, Fakten!» auch nur bei der einen Hälfte der Bevölkerung an – das beworbene Unterhaltungsblatt dagegen auch bei der anderen Hälfte: Weil im Blatt im Gegensatz zum Werbespruch auch viele Gefühlskomponenten enthalten sind. Das hat lediglich sein Chefredakteur noch nicht bemerkt, weil es ihm in diesem Punkt etwas an Menschenkenntnis mangelt: Er geht von sich aus. Er ist eher kopfgesteuert, also denkt er, dass es andere auch sind. So gesehen verschaffen Sie sich im Augenblick einen mächtigen intellektuellen Vorsprung: Sie verfügen seit den letzten fünfzig Seiten über mehr Menschenkenntnis als große Teile der europäischen Intelligenz-Elite. Das ist doch was.

## Reizworte für den Kopf

Möchten Sie bei vernunftorientiert denkenden Menschen ankommen, meiden Sie am besten folgende verbale Fettnäpfchen:
* «Emotionale Qualität.» Der vernunftorientierte Mensch will sachliche Qualität.
* «Beziehungsorientierung, Beziehungsmanagement.» Dem vernünftig denkenden Menschen kommt es vorrangig auf die Sache, nicht die Beziehung an.
* «Harmonie.» Der Kopfmensch ist nicht dagegen – doch die Sache ist ihm wichtiger.
* «Stimmungslage.» Sie ist wichtig für ihn, aber nicht das Wichtigste.
* «Befindlichkeiten.» Sie haben für ihn nichts mit der Sache zu tun.
* «Die Chemie muss stimmen.» Nein, es kommt dem sachlich Denkenden viel stärker auf die Sachargumente an: «Die Sache spricht für sich!»

# Die Prinzessin auf der Erbse

Manche Menschen klagen ständig darüber, wie schlecht es ihnen geht, schildern in allen Details ihre neuesten körperlichen Gebrechen oder erzählen lang und breit von der letzten Schandtat ihrer nervigen Chefs, unkollegialen Kollegen oder unmöglichen Kunden. Meist geht uns das etwas auf die Nerven.

## Was nervt, ist typisch

Wenn jemand Sie nervt, sind Sie auf etwas Typisches gestoßen!

Das, was uns an anderen nervt, ist meist sehr typisch für sie. Also regen Sie sich nicht nur auf, sondern entdecken Sie bewusst das Typische hinter dem Nervigen. Die Prinzessin auf der Erbse zeigt – erraten Sies? – zwei klar erkennbare Verhaltensmuster: Sie ist erstens sehr emotional, weil sie so laut und gern klagt. Sie ist zweitens ein sehr erfahrungsorientierter Mensch, eben weil sie so detailgeschmückt über unschöne Erfahrungen jammert und klagt. Sie macht aus jeder Mücke sofort einen vollständig ausgeschmückten Elefanten. Nicht weil die Prinzessin oder der Prinz auf der Erbse ein Hypochonder oder ein Wichtigtuer wäre, sondern weil emotionale Realisten auf diese Weise am liebsten klagen. Umgekehrt gilt das übrigens auch für ihre Erfolge: Haben Sie ein Erfolgserlebnis, hören Sie darüber in den höchsten Tönen und in allen Details. Nicht, weil der andere so ein verdammter Angeber wäre, sondern weil emotionale Realisten auf diese Weise von ihren Erfolgen erzählen.

Wenn Ihnen dagegen ein Mensch zwei Stunden lang die Messwerte des neuesten Intel-Chips auswendig vorsagen kann, haben Sie keinen völlig vergeisterten Spinner vor sich, sondern lediglich einen vernunftbetonten Realisten. Er redet nur über «vernünftige» Themen – darüber aber in allen Details.

Wenn Ihnen jemand Vorträge über so hochfliegende Abstrakta wie Demokratie, Selbstverwirklichung, Freiheit, Bildung oder Kultur mit Ihnen unverständlich großer Leidenschaft hält, haben Sie einen gefühlsbetonten Visionär vor sich.

Den vernunftbetonten Visionär erkennen Sie dagegen daran, dass er so gut wie nie über Gefühle und immer ganz sachlich und abgeklärt über hehre Visionen und Ideen spricht.

## Organisatoren und Flexible

«Schau'mer mal!» Sie kennen sicher diesen Spruch, mit dem Kaiser Franz Beckenbauer berühmt geworden ist. Die meisten Menschen halten diesen Spruch lediglich für einen persönlichen Tick. Doch es steckt mehr dahinter. Erkennen Sie das dahinter liegende Verhaltensmuster? Es ist Flexibilität und Spontaneität.

«Was wird dann und dann passieren?» Flexibel organisierende Menschen wie der Kaiser antworten darauf gerne mit Sätzen wie «Schau'mer mal», «Das kann man jetzt noch nicht sagen», «Das sehen wir dann, wenns so weit ist», «Das kommt drauf an», «Wir treffen die Entscheidung, wenns so weit ist», «Das hängt davon ab». Viele Journalisten unterstellen daraufhin: «Er antwortete ausweichend. Typisch Politiker (oder Manager): Drückt sich um ein klares Wort herum!» Das ist nicht richtig. Ein Mensch mit Neigung zum spontanen Handeln legt sich einfach nicht gerne von vornherein fest – denn das ist der Tod der von ihm so geschätzten Spontaneität.

Ein sehr organisiert handelnder Mensch antwortet auf dieselbe Frage ganz anders: «Das ist so und so. Das wird so und so ablaufen.» Ein sehr ordnungsliebender Mensch wird sich immer sofort auf etwas festlegen – was bei anderen Ordnungsmenschen natürlich toll ankommt. Wenn ein Journalist einem Politiker also Wankelmut und Unentschlossenheit vorwirft, dann wissen wir als Zeitungsleser nur eines sicher: Wir wissen nicht, ob der Politiker tatsächlich wankelmütig ist. Davon abgesehen, wird sich kein erfahrener Politiker durch eine journalistische Fangfrage von vornherein ins Bockshorn jagen lassen.

Es ist jedoch möglich, dass der Journalist weniger flexibel und dafür ordnungsbetonter denkt als der Politiker – dies aber nicht weiß, weil es ihm an Menschenkenntnis fehlt. Da sieht man wieder, dass selbst in guten Zeitungen oft der größte Unfug stehen kann, wenn Redakteure sich nicht auf Menschenkenntnis verstehen.

## Je höher Ihre Sprachkompetenz, desto besser kommen Sie mit Menschen klar

Sie haben sicher schon festgestellt, dass Sie sich mit einigen Menschen glänzend unterhalten können, prima mit ihnen zurechtkommen. Jetzt wissen Sie auch, warum: Diese Menschen haben dieselben Verhaltensmuster wie Sie. Wenn Sie gerne stundenlang über Beziehungen reden, dann tun diese Menschen das auch – deshalb kommen Sie so glänzend mit ihnen klar. Damit ist auch klar, weshalb es Ihnen mit ganz bestimmten anderen Menschen schwer fällt, eine vernünftige Unterhaltung zu führen, warum «man einfach nicht mit ihm reden kann», warum man «aneinander vorbei spricht» oder sich nichts zu sagen hat.

### Mit wem Sie sich gut verstehn

Wenn Sie sich mit Menschen gut verstehen, heißt das, dass sie dieselben oder ähnliche Sprach- und Verhaltensmuster haben. Mit Menschen, die ein anderes Muster als Sie haben, haben Sie dagegen tatsächlich ein Verständigungsproblem.

Wenn Sie Menschen, mit denen Sie sich buchstäblich nicht verstehen, links liegen lassen können, ist das zumindest die bequemste Lösung. Wenn Sie jedoch auch mit diesen Menschen reden müssen oder wollen, gibt es nur eine Möglichkeit, trotz unterschiedlicher Verhaltens-

und Sprachmuster prima miteinander auszukommen und sich gut zu verstehen: Lernen Sie, die Sprache des anderen zu verstehen und zu sprechen.

Sie finden es ein wenig mühsam, eine «Fremdsprache» zu lernen, nur um sich mit einem anderen Menschen unterhalten zu können? Nun, mühsam ist es nur die ersten ein-, bis zweimal. Danach machen Sie es fast automatisch, ohne groß daran denken zu müssen. Wir erkennen daran jedoch:

### KoKo – Kommunikationskompetenz

Auch Sprache erfordert Kompetenz. Dass wir alle dieselbe Sprache sprechen, heißt nicht, dass wir uns auch auf Anhieb verstehen.

Wenn wir einfach so drauflosreden, wie uns der Schnabel gewachsen ist, riskieren wir eben sehr viele Missverständnisse und Stress mit anderen. Manchmal ist das Risiko gering und das Gespräch läuft trotzdem irgendwie gut. Doch manchmal ist es einfach erforderlich, dass Sie einen Gang höher schalten und Ihre Gesprächskompetenz spielen lassen, um Missverständnisse aufzuklären oder zu vermeiden, um andere besser zu verstehen, von anderen besser verstanden zu werden und besser bei ihnen anzukommen. Es ist wie mit dem Kochen oder Backen: Spiegeleier kriegt jeder irgendwie hin. Für ein schmackhaftes Omelett benötigt es dagegen schon ein wenig Können. Doch mit diesem Können schmeckt es einfach besser.

Wenn Sie nur Ihre Sprachmuster sprechen, kommen Sie immer nur mit jenen Menschen klar, die auch Ihre Sprachmuster sprechen. Beherrschen Sie mehrere Sprachmuster, kommen Sie mit jedem klar.

## Lernen Sie schmunzeln!

Wenn Sie nach der Lektüre der zurückliegenden Seiten damit beginnen, Sprachmuster zu entschlüsseln, werden Sie rasch Erfolgserlebnisse und tiefe Einblicke in andere Menschen gewinnen. Sie werden erkennen, wie viel die Sprache eines Menschen über ihn aussagt. Sie werden erleben, dass es relativ leicht fällt, das typische Verhalten eines Menschen an seinem Sprachstil zu erkennen.

Dabei taucht jedoch häufig ein Ärgernis auf. Kerstin zum Beispiel sagt über ihren Partner: «Jens sagt immer zuerst, was ihm gerade nicht passt. Immer! Egal, ob wir gemeinsam etwas unternehmen, über die Kinder oder unsere Beziehung reden: Er sieht immer erst auf das, was nicht funktioniert! Ich kann hinter diesem Sprachmuster inzwischen das Verhaltensmuster eines hochgradigen Kopfmenschen erkennen. Er möchte eben, dass alles funktioniert und will einfach alle Fehler abstellen. Aber trotzdem könnte er doch hin und wieder mal ein Wort der Anerkennung sagen! Da fällt ihm doch kein Zacken aus der Krone!»

Kerstin hat wie viele andere Menschen kein Problem damit, den Sprach- und Verhaltensstil anderer wahrzunehmen. Aber sie hat ein Riesenproblem damit, diesen Stil zu akzeptieren! Deshalb sagt sie zu Jens: «Mir ist egal, ob du ein Kopfmensch bist – ich will, dass du endlich auch anerkennst, was ich alles für die Familie und im Haushalt leiste!» Dieser Gefühlsausbruch ist verständlich – leider ändert Wut nichts. Natürlich ist Jens zunächst von dem Gefühlsausbruch beeindruckt und verspricht Besserung. Doch nach zwei Wochen herrscht wieder das alte Leid. Weil Jens unverbesserlich ist und Kerstin nicht wirklich liebt? Nein, weil sich Verhaltensmuster nicht durch Wutausbrüche ändern lassen; ebenso wenig wie die Augenfarbe.

Wir können Verhaltensmuster kurzfristig nicht ändern. Wir können lediglich lernen, mit ihnen zu leben. Kerstin zum Beispiel wartet nicht länger, dass Jens sie auch mal lobt. Sie holt sich inzwischen die Anerkennung selbst ab, die sie braucht: «Wie fandest du das Essen heute?» «Würzig, pikant.» «Und die Tischdekoration?» «Sehr stilvoll, aber das konntest du ja schon immer.» Kerstin grinst zufrieden in sich hinein: Aus dem Munde eines Kopfmenschen wie Jens ist das Lob in höchsten Tönen!

Haben Sie bemerkt, was Kerstin getan hat, um ihre Beziehung und ihr seelisches Gleichgewicht wieder ins Lot zu bringen, um sich das zu holen, was sie sich von einer Beziehung erwartet? Sie hat ihre Menschenkenntnis spielen lassen: Sie hat Jens' Verhaltensmuster erkannt. Aber sie hat noch etwas viel Wichtigeres getan: Sie hat Jens' Verhaltensmuster *akzeptiert*. Sie versucht nicht länger, es ihm auszureden, sondern hat sich darauf eingestellt.

### Akzeptanz und Menschenkenntnis

Menschenkenntnis nützt Ihnen nur dann, wenn Sie das, was Sie in Menschen erkennen, auch akzeptieren können.

Natürlich fällt es nicht immer leicht, andere zu akzeptieren – gerade weil sie eben anders sind. Andersartigkeit ist uns suspekt; das ist ein Instinkt. Die Frage ist: Wollen Sie, dass Ihre Instinkte Ihr Leben bestimmen? Oder wollen Sie über Ihr Leben lieber selber bestimmen? Bestimmen Sie selber. Akzeptieren Sie andere, die anders sind. Es wird Sie Überwindung kosten – doch dafür werden Sie reichlich belohnt.

Andere zu akzeptieren, heißt zu lernen, sich über ihre typischen Eigenarten nicht länger aufzuregen, sondern darüber zu schmunzeln. Kerstin sagt: «So ist Jens nun mal. Er wird das immer wieder tun. Er tuts ja nicht, um mich zu ärgern. Er kann nicht anders!» Wenn jeder lernen würde, über andere zu schmunzeln, hätten wir es alle leichter im Leben, im Beruf, in der Beziehung und in der Familie.

# Auf einen Blick: So kommen Sie bei jedem an!

- So wie jeder Mensch unterschiedliche Verhaltensmuster hat, so hat er oder sie auch unterschiedliche Sprachmuster.
- Zu jedem Verhaltensmuster gehört ein ganz bestimmtes Sprachmuster.
- Wenn Sie aufmerksam zuhören, erkennen Sie die Sprachmuster jedes Menschen und die Verhaltensmuster dahinter.

- Sobald Sie diese Muster erkennen, wissen Sie, was ein Mensch eigentlich meint, wenn er etwas sagt.
- Wenn ein anderer Sie nicht versteht: Drücken Sie das, was Sie sagen möchten, in seinen Sprachmustern aus.
- So gesehen spricht jeder Mensch seine eigene Sprache: Wenn Sie verstanden werden wollen, sprechen Sie die Sprache des anderen!
- Verwenden Sie die für sein Verhaltensmuster typischen Signalworte.
- Vermeiden Sie die für sein Verhaltensmuster typischen Reizworte.

# 5. Das Geheimnis der Motivation: Jedem das Seine!

## Menschenkenntnis begeistert

In unseren Seminaren fragen uns Teilnehmer oft: «Wie schaffe ich es, dass andere Menschen das tun, was ich mir wünsche?» Sie denken dabei an die Kinder, den Partner, die Mitarbeiter, Kollegen, Kunden, Bekannte, Freunde oder Chefs. Wir alle wünschen uns mehr als einmal täglich, dass einer dieser Menschen etwas tut, was wir uns wünschen. Wie bekommen Sie ihn dazu? Das ist die Frage nach der Motivation. Obwohl darüber oft ein pseudowissenschaftlicher Hokuspokus veranstaltet wird, ist die Sache denkbar einfach:

### Das ist Motivation

Was Menschen wichtig ist, motiviert sie zum Handeln. Um einen Menschen zu motivieren, brauchen Sie also nur zu wissen: Was ist ihm wichtig? Was ihm wichtig ist, sagt Ihnen Ihre Menschenkenntnis.

Sie können einen Menschen dann für Ihre Wünsche begeistern, wenn Sie wissen, was ihm wichtig ist, wenn Sie ihn kennen. Gegen dieses Prinzip wird oft verstoßen, weshalb die meisten Motivationsversuche im Alltag scheitern: «Nun sei doch mal vernünftig! Siehst du nicht, was das Beste für dich ist?» Wenn jemand einen anderen überzeugen möchte, indem er an seine Vernunft appelliert, muss er scheitern. Denn bei diesem Gegenüber kann es sich nur um einen Bauchmenschen (s. Kapitel 2, «Matrix der Verhaltensmuster», Seite 27) handeln. Einem Kopfmenschen müsste man nämlich nicht sagen, er solle vernünftig sein; er ist es schon. Und einem Bauchmenschen darf man es nicht sagen, weil es erstens nichts bringt –

der Bauchmensch ist zwar auch vernünftig, doch seine Gefühle sind ihm wichtiger. Und zweitens demotiviert man ihn mit diesem Überredungsversuch, macht ihn vielleicht sogar wütend. Denn er *möchte* emotional und nicht vernünftig sein. Ihnen ist damit das Geheimnis der Motivation vielleicht schon klar: Geben Sie einem Menschen, was ihm wichtig ist, und er wird tun, was Sie sich von ihm wünschen.

## Das Geheimnis der Motivation

Geben Sie jedem das Seine, und jeder wird motiviert sein.

Einen gefühlsorientierten Menschen werden Sie zum Beispiel nicht für eine Aufgabe begeistern können, indem Sie die intellektuelle Herausforderung dabei anpreisen – obwohl gerade bei Stellenanzeigen und bei der Aufgabenverteilung in Vereinen und Verbänden dieser Fehler ständig begangen wird. Einen Bauchmenschen interessiert zwar auch die Herausforderung an einer Aufgabe, doch er wird den Job, die Position oder das Projekt nicht übernehmen, wenn das Arbeitsklima, die Stimmung in der Gruppe und die Harmonie zwischen den Partnern, wenn eben die Beziehungsqualität nicht stimmt. Einen echten Kopfmenschen werden Sie dagegen nicht mit einem guten Arbeitsklima begeistern können. Ihm sind die fachlichen Aspekte der Aufgabe viel wichtiger.

Jetzt wissen Sie auch, warum die beiden beliebtesten Beeinflussungsversuche im Alltag nicht funktionieren: Überreden und Überzeugen.

Überreden: «Nun sei doch mal vernünftig!»

Überzeugen: «Sei vernünftig. Davon hast du doch am meisten!»

Beim Überreden appellieren wir an einen Menschen, «Nun tu doch endlich ...!» Beim Überzeugen fügen wir noch ein «einleuchtendes» Argument hinzu. Beides funktioniert nicht oder nur minimal. Denn Appelle und Pauschalargumente treffen höchstens zufällig das Persönlichkeitsprofil des Menschen, den Sie bewegen möchten. Appelle und Pauschalargumente treffen in der Regel nicht das, was diesem speziellen Menschen wichtig ist.

### Menschenkenntnis ist Motivation

Je besser Ihre Menschenkenntnis, desto besser motivieren Sie.

Das ist im Prinzip schon alles, was Sie über die Beeinflussung anderer Menschen wissen müssen. Einfach, nicht? Richtig, sonst würde es nicht funktionieren. Das einzige Problem daran: Man muss es auch tun! Deshalb betrachten wir jetzt das einfache Geheimnis der Motivation an vielen Fallbeispielen des täglichen Lebens.

# Was Extra- und Introvertierte bewegt

Extravertierte Menschen erfüllen Ihnen jeden Wunsch – vorausgesetzt, sie haben eine Menge Kontaktmöglichkeiten dabei. Die Sache selbst interessiert sie dabei nicht so sehr. Aus diesem Grund treffen Sie auf Straßenfesten und Veranstaltungen von Kaninchenzüchtern und Blumenfreunden auch viele Menschen, die weder mit Kaninchen noch mit Blumen etwas am Hut haben. Worum es bei dem Fest geht, ist ihnen nicht so wichtig – denn ihnen geht es vorrangig darum, möglichst viele Menschen zu treffen.

Einen eher introvertierten Menschen kriegen Sie auf solche Festivitäten nur unter Androhung häuslichen Unfriedens.

«Komm, im Park spielt heute Blasmusik!»

«Ich mag das Tschindarassabum aber nicht!»

«Ich auch nicht, aber da ist was los!»

«Geh du nur, ich geh lieber in den Bastelkeller.» An dieser Stelle ist der Beziehungskrach schon abzusehen. Zeit, das Motivationszauberwort zu sprechen: «Ich wette, Karl und Eva sind auch dort. Außerdem treffen wir dort ganz sicher die halbe Clique von früher. Du weißt doch, dass die unter Garantie an einem Biertisch sitzen und Party machen!» Das reicht schon, um einen Introvertierten zum Ausgehen zu motivieren: Er muss sich nicht so sehr mit vielen neuen, energieraubenden Menschen herumschlagen, er kann sich in eine vertraute Ecke mit vertrauten Gesichtern und wenigen Kontakten zurückziehen. Diese Aussicht lässt ihn vielleicht keine Luftsprünge machen, doch sie motiviert ihn hinreichend, mitzugehen.

Motivation ist oft verblüffend einfach und wirkungsvoll – sobald Sie erkannt haben, was einem Menschen wichtig ist. So umwarb der Vorstand eines Sportvereins monatelang den Fußballabteilungsleiter, doch bitte den Posten des Festwartes (Event Manager auf Neuhochdeutsch) für die in zwei Jahren anstehenden Jubiläumsfeierlichkeiten zu übernehmen – vergebens. Warum lehnte der Abteilungsleiter ab? «Ich sitze schon im Beruf stundenlang alleine im Büro. Abends möchte ich einfach unter die Leute kommen.» Die Kollegen des Vorstandes hielten dieses Argument für bescheuert: «Der ist nur zu faul dazu!» Der erste Vorsitzende erkannte jedoch nach einiger Zeit des Nachdenkens, was einem Menschen mit Menschenkenntnis förmlich ins Auge springen muss. Vor allem, wenn er weiß, dass jeder Mensch mit dem, was er sagt, automatisch einen versteckten Hinweis auf seine Verhaltensmuster gibt (s. Kapitel 4, Seite 91 ff.). Also erkannte er: «Der Abteilungsleiter ist offensichtlich ein sehr extravertierter Mensch. Also dürfen wir ihn nicht zur Planung in seinem Arbeitszimmer verdonnern – da vereinsamt er!» Deshalb rief der clevere erste Vorsitzende einfach ein Organisationskomitee ins Leben, für dessen Leitung der Fußballabteilungsleiter sich nicht lange bitten ließ. Denn so kann er mit der besten Ausrede der Welt sich abends mit seinen Vereinskollegen treffen, Kontakt pflegen, reden, sich austauschen – eben alles, was ein Extravertierter gerne macht.

Wenn Sie diese Motivationsbeispiele lesen, fällt Ihnen vielleicht etwas auf – denken Sie dabei ganz an sich selbst: Wenn Sie andere begeistern können, können Sie auch sich selbst motivieren.

# So motivieren Sie sich selbst

Je stressiger und belastender unser Alltag wird, desto nötiger und wichtiger wird es, sich selbst motivieren zu können. Denn oft genug vergehen Stunden eines kostbaren Tages, in denen wir demotiviert Dienst nach Vorschrift machen. Welche Verschwendung von Zeit und Leben! Wenn Sie die Wahl haben, was wählen Sie: ein Leben mit oder ohne Spaß? Rhetorische Frage. Doch: «Das Leben macht eben nicht immer Spaß.» Das stimmt nicht ganz. Was stimmt, ist: Die meisten Menschen wissen nicht, wie man sich selbst motiviert (weil sie es nicht gelernt haben), wie man den Spaß wieder ins Leben, die Arbeit, die Familie zurückholt.

## Wie das Leben ist

Sie können warten, bis das Leben wieder Spaß macht. Sie können aber auch selbst dafür sorgen, dass es wieder mehr Spaß macht.

Warten Sie nicht darauf, dass das Leben demnächst wieder motivierend, begeisternd, interessant, befriedigend, lohnend oder erfreulich ist. Tun Sie selbst etwas dafür.

## Motivation ist Selbstmotivation

Mit allem, was Sie auf diesen Seiten über Motivation lesen, können Sie sich auch bestens selbst motivieren.

Wenn Sie zum Beispiel als Introvertierter auf einen Empfang, eine Tagung, eine Veranstaltung mit vielen Menschen müssen, stellt das für Sie eine ziemliche Demotivation dar.

### Was Introvertierte demotiviert

Introvertierten missfällt zu große Nähe unter zu vielen Menschen.

Wenn Sie das wissen, können Sie die Veranstaltung für sich motivierender machen, indem Sie sich von vorneherein eine ruhige Ecke aussuchen, wo die vielen Menschen Ihnen nicht so dicht auf die Pelle rücken und von wo aus Sie aus der Distanz und in aller Ruhe das Treiben beobachten können. Introvertierte beobachten für ihr Leben gern. Das ist ihnen wichtig. Das motiviert sie.

Wenn Sie als Extravertierter eine Arbeit im stillen Kämmerlein aufgebrummt bekommen, dann brechen Sie aus dem Kerker aus! Bauen Sie Exkursionen und Diskussionen mit anderen ein! Neulich schaffte es zum Beispiel eine Assistentin, die zehn Jahre lang nicht wusste, warum ihr die Arbeit keinen Spaß mehr machte, wieder Freude am Beruf zu bekommen. Ihr Verhaltensmuster hatte sich über die Jahre von eher introvertiert zu mehr extravertiert verändert. Also beschloss sie einfach, ab sofort auf Abteilungs- und andere Besprechungen mitzugehen, statt im stillen Kämmerlein ihre Korrespondenz zu tippen. Ihr Chef erklärte sie zwar für verrückt («Was wollen Sie sich denn das ganze Geschwafel dort anhören!»). Doch die Assistentin erkannte, dass sie einfach mehr Kontakte brauchte, um wieder Motivation zu schöpfen. Jeder Besprechungsbesuch beflügelte sie oft für Tage: «Da macht die Arbeit doch wieder viel mehr Spaß!»

### Das Geheimnis der Eigenmotivation

Wenn Sie wissen, was Ihnen wichtig ist, können Sie sich motivieren.

# Organisieren Sie, bevor Sie motivieren

Jahrelang litten die Erzieher und Eltern eines Kindergartens darunter, dass ihre Leiterin praktisch jede Veranstaltung in den Sand setzte. Sie wurde wiederholt aufgefordert, gewissenhafter zu planen, Entscheidungen nicht so lange auszusitzen und sich endlich gegen die verschiedenen Interessenfraktionen durchzusetzen. Allein aus diesen Vorwürfen erkennen Sie bereits drei Verhaltensmuster der Leiterin: Sie ist eine Visionärin (die Details der Planung liegen ihr nicht), die eher spontan und flexibel entscheidet (deshalb zögert sie Entscheidungen immer bis zum letzten hinaus) und darüber hinaus sehr gefühlsbetont lebt (deshalb vermied sie das nötige Machtwort). Natürlich könnte man auch versuchen, die Dame zu einer sorgfältigeren Planung zu bewegen. Die Frage ist allerdings: Warum sollte man das tun?

### Organisation ist die bessere Motivation

Es ist oft besser, zu organisieren, als zu überreden. Denn gute Organisation motiviert von alleine.

Der Zauberspruch lautet: Die richtige Frau, der richtige Mann an den richtigen Platz! Warum muss immer nur die Kindergartenleiterin alles auf die Beine stellen? Warum kann sie das nicht an eine erfahrungs- und detailorientiert planende, gut organisierte und organisierende Mitarbeiterin delegieren? Es gibt keinen vernünftigen Grund dagegen. Seit die Veranstaltungen von der stellvertretenden Leiterin organisiert werden (die dafür die idealen Verhaltensmuster mitbringt und daher motiviert bei der Sache ist), sind alle zufrieden.

## So begeistern Sie Visionäre

Wenn Sie Visionäre für Ihre Wünsche gewinnen wollen, geben Sie ihnen keine detailreichen Angelegenheiten oder Routineaufgaben. Das demotiviert sie!

## Das Vermeidungsprinzip der Motivation

Die einfachste Motivation ist, Demotivation zu vermeiden.

Wenn es sich trotzdem nicht vermeiden lässt und Sie einem Visionär Kleinigkeiten, Detailreiches oder Routinearbeit delegieren müssen, motivieren Sie ihn, indem Sie

- ihm die Bedeutung der Aufgabe für das große Ganze, für das komplette System der Beteiligten eindrücklich erläutern. Visionäre machen Kleinigkeiten und Routinejobs durchaus engagiert, wenn sie die Bedeutung für das große Ganze erkennen;
- seine Detailaufgabe in den großen Zusammenhang stellen, ihm den Überblick verschaffen, wie seine kleine Aufgabe mit vielen anderen Aufgaben zusammenwirkt und -hängt. Ganzheitliche, systemische Zusammenhänge und Prozessbeziehungen begeistern Visionäre!

Das große Ganze, der Überblick und die größeren Zusammenhänge sind ganz wesentliche Motivatoren für Visionäre. Wenn Sie freie Hand haben, begeistern Sie einen Visionär am besten, indem Sie

- ihn Neues, Innovatives, Kreatives, Revolutionäres, den großen Wurf gestalten lassen;
- ihn an einem großen Ganzen arbeiten lassen;
- ihn an (auch ruhig komplexen) Zusammenhängen arbeiten lassen;
- ihm umfassende Veränderungen (großes Ganzes!) mit möglichst weitreichenden Auswirkungen (Zukunftsorientierung!) übertragen;
- ihm Gelegenheit geben, seine Fantasie spielen zu lassen;
- ihn an Entwicklung und Konzeption (großes Ganzes!) von neuen Entwürfen und Ideen beteiligen;
- ihn neue Möglichkeiten für alte Aufgaben ausdenken lassen;
- ihn auf die Suche nach neuen Chancen und Potenzialen schicken; Zukunftsweisendes motiviert den Visionär;
- ihn Zusammenhänge und Auswirkungen analysieren lassen;

- ihn systemisch denken und planen lassen;
- ihn keinesfalls zu einem Step-by-Step-Vorgehen zwingen (Demotivation!), sondern ihm bei der Ausführung Ihres Wunsches kreative Freiheit lassen;
- ihn ruhig auch fünf Dinge gleichzeitig machen lassen – während Realisten das stresst, motiviert diese Mehrfachbelastung den Visionär.

«Ich bin gespannt auf Ihre neuen Ideen!», sagen viele Menschen, wenn sie eine Aufgabe delegiert haben. Einen Realisten setzt das unglaublich unter Druck: «Neue Ideen? Welche neuen Ideen? Ich hätte das jetzt so gemacht wie immer!» Ein Visionär dagegen ist begeistert, wenn er aufgefordert wird, neue Ideen zu entwickeln.

## Ein Beispiel von der Arbeit: die Chaos-Ablage

Es gibt einige typische Büroprobleme der Motivation. Eines der unangenehmsten ist die Ablage Marke «Chaos»: Seit Monaten oder gar Jahren hat der betreffende Kollege oder Mitarbeiter seine Unterlagen einfach nur in eine Schublade oder eine Sammelablage gepfeffert – ohne Ordnung, ohne Chance, dass er selbst oder gar ein anderer jemals wieder etwas darin findet. Sie als Chef oder Kollege haben schon hundertmal zu motivieren versucht: «Nun räumen Sie die Unterlagen endlich in die zugehörigen Ordner!» Allein, der Kollege tuts nicht. Warum? Weil er ein faules Aas ist? Menschen ohne ausreichende Menschenkenntnis tendieren zu dieser Annahme. Sie trifft nicht zu.

Inzwischen wissen Sie: Der unordentliche Kollege ist nicht unordentlich, sondern lediglich ein hochgradiger Visionär. Routinejobs wie Aufräumen oder Ablage sind ihm ein Graus. Kein Wunder, dass er eine solche Aufgabe vor sich herschiebt: Dieser «Kleinkram» motiviert ihn einfach nicht.

**Der große Motivationsirrtum**

Versuchen Sie nicht, andere Menschen zu überreden. Das muss schief gehen. Machen Sie lieber die Aufgabe motivierender.

Damit auch ein Visionär seine Ablage in Ordnung hält, brauchen Sie lediglich das anzusprechen, was ihm wichtig ist – denn Wichtiges motiviert ihn zum Handeln: Überzeugen Sie ihn mit dem Hinweis darauf, dass er mit einer ordentlichen Ablage endlich wieder den *Überblick* über seine vergangenen Projekte hat. Überblick ist dem Visionär wichtig. Derzeit findet er wirklich nichts mehr in seiner Ablage, was länger als einen Monat zurückliegt. Stellen Sie die ungeliebte Detailarbeit in den motivierenden *Zusammenhang* – Zusammenhänge motivieren Visionäre: Wenn seine Ablage gut sortiert ist, finden auch seine Kollegen etwas darin, die in denselben Projekten an den Schnittstellen sitzen und häufig auf wichtige Informationen verzichten müssen, weil sie bislang in seiner Ablage kaum fündig werden.

In jeder demotivierenden Aufgabe finden Sie etwas, das dem Menschen wichtig ist, der die Aufgabe übernehmen soll – und ihm bislang entgangen ist. Machen Sie ihn darauf aufmerksam und begeistern Sie ihn damit.


## So bewegen Sie Realisten

Der Visionär denkt ans große Ganze und künftige Entwicklungen. Er fragt sich innerlich ständig: «Und was heißt das nun für die Zukunft, die großen Zusammenhänge?» Seine Fantasie ist ständig aktiv. Der Realist dagegen verlässt sich in seinem Denken eher auf seine fünf Sinne: «Welche konkreten Erfahrungen habe ich zu dem, was gerade abläuft?»

Leider verscherzen wir uns im Alltag oft jede Chance, dass ein Realist uns einen Wunsch erfüllt, weil wir ihn unbewusst und unbeabsichtigt von vorneherein demotivieren. Wir

- fordern von ihm bahnbrechende neue Ideen und Konzepte, wofür er sehr viel Fantasie bräuchte – doch er verlässt sich lieber auf Erfahrungen;
- fordern von ihm radikale Veränderungen – doch er ändert sich und anderes am liebsten Schritt für Schritt;
- verlangen von ihm, dass er drei Dinge gleichzeitig erledigt, was ihn überfordert, denn er macht am liebsten eines nach dem anderen;
- fordern ihn auf, die Zusammenhänge zu sehen, doch er sieht lieber die Details;
- verlangen von ihm, dass er sich am großen Ganzen orientiert, doch er orientiert sich lieber an einer konkreten Aufgabe.

Wenn Sie einen Realisten für Ihre Wünsche gewinnen möchten, sollten Sie zuerst darauf achten, dass Sie solche Demotivationen vermeiden. Danach begeistern Sie ihn am besten, indem Sie

- ihm gut vorstrukturierte Aufgaben geben; das empfindet er nicht als Gängelei, sondern als sinnvolle Orientierungshilfe;
- ihn Angelegenheiten optimieren, verbessern, kontrollieren, korrigieren lassen, dabei fühlt er sich wohl;
- ihm Wünsche auftragen, die ihm vertraut sind, das Vertraute motiviert ihn;
- ihm genaue Angaben machen, was Sie sich konkret von ihm wünschen;
- ihn eine Aufgabe nach der anderen erledigen lassen.

## Was Perfektionismus in Wirklichkeit ist

Ein Realist fühlt sich besonders motiviert, wenn er eine Sache immer wieder machen darf und dabei immer noch besser werden kann. Für Außenstehende, vor allem für Visionäre, sieht das wie blinder Perfektionismus aus. Sie werfen dem Realisten vor: «Was bringt denn eine solche tausendprozentige Lösung, die keiner will?»

Sie verstehen den Perfektionismus nicht. Dabei ist er eine sehr clevere Art der Eigenmotivation. Ein Realist fühlt sich einfach dann am motiviertesten, wenn er eine Sache perfekt abliefern kann. Das gibt ihm den berühmten Kick. Deshalb sind Realisten oft ausgewiesene Experten auf mindestens einem Spezialgebiet. Wenn der Realist gleichzeitig extravertiert ist, ist er häufig Experte auf mehreren Gebieten, weil das seiner Neigung nach vielen Kontakten näher kommt. Ein introvertierter Realist dagegen geht gerne in die Tiefe, konzentriert sich lieber auf eine Sache. Danach strebt er, das motiviert ihn: eine Sache wirklich beherrschen, auf einem Gebiet richtig gut sein.

Besonders tragisch ist es, wenn Realisten auf die Vorwürfe ihrer menschlich wenig kompetenten Umwelt mit einem schlechten Gewissen reagieren und sich selbst ihren «Perfektionismus» ausreden wollen: «Nun mach schon weiter. Hör endlich auf, daran herumzufeilen. Du hast noch so viel zu tun!» Damit berauben sie sich – ohne es zu wollen oder gar zu bemerken – ihrer Eigenmotivation. Wenn Sie Realist sind und sich das nur oft genug sagen, verlieren Sie schnell den Spaß bei der Arbeit und auch bei Aufgaben des Privatlebens. Denn Sie verbieten sich ausgerechnet das, was Ihnen am meisten Spaß macht! Natürlich: Sie können nicht an jeder Arbeit herumfeilen, bis sie perfekt ist. Dafür hat keiner die nötige Zeit. Doch wenn Sie bei dem, was Sie tun, zu wenig feilen, verlieren Sie schnell den Spaß daran.

Jeder Mensch hat seinen eigenen Balancepunkt der Motivation. Caro zum Beispiel ist Mutter von vier Kindern: «Wenn ich auch nur eine Sache am Tag richtig und in Ruhe machen kann, reicht mir das schon.» Wofür? Um motiviert zu sein! Ihr Mann hat einen anderen Motivationspunkt: «Ich brauche täglich drei, vier Dinge, die ich gewissenhaft machen kann, damit mir die Arbeit noch Spaß macht.» Es kommt nicht darauf an, wo dieser Motivationspunkt liegt. Es kommt darauf an, dass Sie Ihren individuellen Motivationspunkt finden.

### Der Motivationspunkt

Wo liegt Ihr persönlicher Motivationspunkt? Wie viel wovon benötigen Sie, damit Sie motiviert sind und bleiben?

## Eigenmotivation für Visionäre

Auch Visionäre benötigen täglich ausreichend Betätigungen, bei denen sie in großen Zusammenhängen denken und die Fantasie spielen lassen können. Bekommen Sie täglich genug davon? Wenn nicht, tun Sie etwas für Ihre Motivation. Richtig, dafür sind Sie zuständig. Es wäre zwar schön, wenn uns Mitmenschen und Umwelt täglich mit genügend Schwung versorgen würden. Wenn sie das tun, schön für Sie. Wenn sie das nicht tun: Tun Sies selbst. Wer sollte es sonst für Sie tun?

Damit wissen wir, warum Menschen Hobbys haben: Dort holen sie sich ihre Motivation, indem sie ihre Verhaltensmuster ausleben. Etliche Visionäre sind zum Beispiel in Beamtenjobs gelandet, in denen ihre Fantasie verkümmert. Also pflegen sie Hobbys, die oft so überraschend und aufregend sind, dass man es kaum glauben kann, welchen Beruf sie gewählt haben. Häufig können sie es selbst nicht verstehen: Damals, als sie ihn wählten, wussten sie noch nicht, welche Verhaltensmuster ihr Leben prägen.

## Was passt, motiviert

Motivation bedeutet: Wunsch und Mensch zusammenbringen. Das klingt schwierig, ist aber im Grunde recht einfach.

## Das Passungsprinzip der Motivation

Motivation ist im Prinzip ganz einfach: Sie haben einen Wunsch, und Sie haben einen Menschen, von dem Sie sich den Wunsch erfüllt wünschen. Der Wunsch hat ganz bestimmte Anforderungen, und der Mensch hat ganz bestimmte Verhaltensmuster. Die Muster können Sie nicht ändern – obwohl das viele Menschen versuchen: «Nun mach doch endlich mal!» Genau aus diesem Grund scheitert die Motivation. Das Einzige, was Sie ändern können, sind die Anforderungen Ihres Wunsches: Machen Sie sie zu den Verhaltensmustern passend. Gestalten Sie sie so, dass zu den Anforderungen auch etwas zählt, was dem anderen wichtig ist – dann ist Ihr Wunschpartner sofort motiviert!

Verena zum Beispiel wünscht sich von ihrem Mann seit Jahren, dass er den alten, verwahrlosten Garten endlich neu anlegt. Keine «Motivation» der Marke «Nun mach doch mal!» hat bislang geholfen. Verena erkennt irgendwann, dass ihr Mann ein ausgeprägter Realist ist. Sie weiß inzwischen auch, was Realisten besonders wichtig ist. Also bricht sie die für ihn bislang demotivierende, da zu große, zu komplexe und zu unstrukturierte Aufgabe in kleine Häppchen herunter: «Können wir einfach mal eine Skizze machen, wie der Garten am besten aussehen könnte?» Dafür ist er sofort zu haben. Danach kommt die Auswahl des Landschaftsgärtners, eine Genehmigung für ein Gartenhäuschen ... und so weiter – bis der ganze neue Garten komplett ist! Verenas Mann musste sich dazu nicht ändern – nur die Aufgabe.

Auch das ist ein Geheimnis der Motivation: Zeigen Sie, dass in einer Aufgabe, die ein Mensch ursprünglich nicht machen wollte, etwas für ihn Wichtiges drinsteckt – dann macht er es!

# Bauchmenschen begeistern

Lassen Sie Menschen tun, was ihnen wichtig ist, und sie werden das tun, was Sie wollen! Das heißt: Lassen Sie sie einfach ihre Verhaltensmuster ausleben, und sie werden Ihre Wünsche mit Wohlwollen entgegennehmen. Klingt einfach, doch im Alltag machen wir genau das Gegenteil:

«Unsere Nachbarn sind eine Zumutung! Was fällt denen ein, die Musik so laut aufzudrehen! Denen muss mal jemand gehörig die Meinung sagen. Schatz, geh doch rüber und mach denen so richtig Druck!»

«Ach, muss das sein? So laut ist es doch gar nicht. Außerdem lese ich gerade die Wochenendbeilage!»

«Los, mach schon, du hast doch danach auch deine Ruhe!»

«Na ja, ich kann ja mal drüben anklopfen ...»

Klingt so ein motivierter Ehemann? Nein. Weil er ungern seine Wochenendbeilage beiseite legt? Nein. Weil er eher ein Gefühlsmensch ist und ihm die Wortwahl seiner Partnerin schwer auf den Magen schlägt. Ein Bauchmensch zuckt bei Worten wie «Druck machen» innerlich zusammen – das kann man nicht gerade Motivation nennen. Der Ton macht die Musik. Wenn Sie einen Bauchmenschen bewegen möchten, vermeiden Sie zunächst einmal alles, was ihn demotivieren könnte. Denn sonst können Sie mit Engelszungen reden – und es passiert nicht viel. Bauchmenschen reagieren allergisch

• auf Kraftausdrücke und Verbalaggression jeder Art, weil das ihrem Empfinden nach die Harmonie stört;

• auf Kritik – sie nehmen sie prinzipiell persönlich, wenn sie nicht sehr gut «verpackt» ist;

• auf offene und direkte Worte – sie empfinden das als beziehungsschädlich;

• wenn Sie sie in eine Win-Lose-Situation bringen – sie sind eher auf gegenseitigen Ausgleich bedacht, möchten es möglichst allen recht machen;

• auf alles, was den Teamgeist, das Miteinander stört;

• auf Sachlichkeit – sie finden Objektivität zu emotionslos.

Vermeiden Sie diese Demotivationen, und der Bauchmensch ist schon halb gewillt, Ihren Wunsch zu erfüllen. Um ihn gänzlich zu motivieren,

- sorgen Sie für ein gutes Beziehungsklima – gute Argumente sind dem Bauchmenschen zwar auch wichtig, doch entscheidend dafür, ob er Ihren Wunsch erfüllt, ist ein gutes Klima, die Harmonie, das menschliche Miteinander, der pflegliche Umgang miteinander, ob «die Chemie» stimmt;
- handeln und argumentieren Sie nach der Maxime «Erst der Mensch, dann die Sache»;
- zeigen Sie vor allem viel Verständnis für seine Interessen, Situation, Meinung – einem (aus seiner Sicht!) verständnislosen Menschen erfüllt er keinen Wunsch gerne;
- sprechen Sie ihm Anerkennung aus, also kein Pauschallob («Du bist so ein toller ... !»), sondern konkrete Anerkennung: «Bitte mach das für mich, du schaffst das immer viel schneller als ich!» Der Bauchmensch steht auf Anerkennung, er braucht seine Streicheleinheiten; er erachtet sie als Gegenleistung für seine Wunscherfüllung;
- wecken Sie seinen Teamgeist, er ist der geborene Teamspieler;
- zeigen Sie, wie viele andere Menschen noch direkt oder indirekt von Ihrem Wunsch profitieren; je mehr, desto motivierter reagiert der Bauchmensch.

Manipulieren Sie den Bauchmenschen damit? Nein. Denn für jeden Wunsch, den er Ihnen erfüllt, bekommt er, was er sich wünscht, nämlich ein emotionales Äquivalent; etwas, das ihm wichtig ist. Der Mensch lebt eben nicht vom Brot allein. Das ist die Grundlage jeder Motivation.

## Kopfmenschen motivieren

Kopfmenschen sind keine Menschen ohne Gefühle, wie man hin und wieder zu hören und zu lesen bekommt. Jeder Mensch hat Gefühle; sie gehören sozusagen zur «Grundausstattung». Gefühle sind dem Kopfmenschen durchaus wichtig, doch noch wichtiger ist ihm die Sache, die Vernunft, die Objektivität. Wenn Sie einen Kopfmenschen motivieren möchten, sollten Sie darauf achten, dass Sie ihn zunächst nicht unbeabsichtigt demotivieren, indem Sie

- auf Beziehungspflege machen; der Kopfmensch empfindet das nämlich als unnötige Ausschweifung, schließlich geht es (ihm!) mehr um die Sache;
- Dinge wie Teamgeist, Arbeitsklima oder den Umgang miteinander betonen – das hat für ihn nichts mit dem eigentlich Wichtigen, der Sache zu tun;
- emotional argumentieren, an seine Gefühle appellieren oder die Gefühle anderer ins Spiel bringen – Gefühle gehören für ihn nicht zur Sache;
- ihn auffordern, doch mal eine Ausnahme zu machen, ein Auge zuzudrücken, fünfe gerade sein zu lassen, auch mal gegen die Regeln zu verstoßen – das kann und möchte er aus Prinzip nicht;
- ihm seine Objektivität zum Vorwurf machen: «Nun sei doch nicht so kalt!» – das provoziert eine Trotzreaktion, denn gerade seine Objektivität hält er sich zugute.

Wenn Sie darüber nachdenken, wird Ihnen auffallen, dass uns diese Motivationssünden fast täglich unbewusst unterlaufen – sofern wir eher gefühlsbetont denken. Dann reagieren wir allergisch auf «gefühlskalte» Zeitgenossen – damit verbauen wir uns die Chance, sie für unsere Wünsche zu gewinnen. Wer andere bewegen möchte, sollte *mit*, nicht *gegen* ihre Verhaltensmuster argumentieren. Wenn Sie einen Menschen begeistern möchten, nützt es nichts, wenn Sie ihm ausgerechnet das ausreden möchten, was ihm wichtig ist. Sie motivieren einen Kopfmenschen am besten, indem Sie

- dafür sorgen und das auch verbal herausstreichen, dass bestimmte Grundsätze, Prinzipien und Regeln eingehalten werden, denn darauf legt der Kopfmensch gesteigerten Wert;
- das Gebot der Fairness und Gerechtigkeit hochhalten – das ist ihm im Grenzfall wichtiger als Barmherzigkeit;
- möglichst sachlich, vernunftbetont und objektiv argumentieren;

- so offen und direkt kommunizieren wie möglich;
- auf persönliche Befindlichkeiten keine Rücksicht nehmen.

## Ein typisches Beziehungsproblem:
## Sie möchte reden – er nicht

Beziehungen sind eine wahre Fundgrube für Motivationsprobleme. Überspitzt könnte man sagen, dass eine Beziehung eine ständige gegenseitige Motivationsaufgabe ist. Denn immer wieder versucht man den anderen zu etwas zu kriegen, was man sich von ihm wünscht, er oder sie aber nicht unbedingt tun oder lassen möchte. Paradebeispiel: Sie möchte über «unsere Beziehung» reden, er aber nicht: «Wieso denn? Ist doch alles in Ordnung mit uns.» Ihre Interpretation darauf: «Typisch Mann!» Stimmt nicht. Es ist – erraten Sie es? – typisch Kopfmensch. Ein bevorzugt vernunftorientiert denkender Mensch redet nicht über ein Thema, zu dem er keinen Anlass sieht. Das wäre doch unvernünftig!

Sie dagegen ist zumindest in dieser Situation eher gefühlsorientiert. Sie braucht einfach ein gutes Klima in der Beziehung, eine fortlaufende Beziehungspflege, eine gute Stimmung – und die möchte sie unter anderem durch eine gute gegenseitige Kommunikation erreichen. Weil sie das so sehr möchte, versucht sie ihn zu motivieren: «Du redest nie mit mir! Nicht wirklich! Du hast nie wirklich Zeit für uns. Das interessiert dich einfach nicht.» Natürlich ist ihr Zorn verständlich. Leider demotiviert der Gefühlsausbruch den Kopfmenschen nur noch mehr – denn mit dieser Gefühlsaufwallung kann er nun überhaupt nichts anfangen, er denkt verwirrt: «Was habe ich denn jetzt wieder gesagt? Sie ist immer so empfindlich. Das nächste Mal sage ich überhaupt nichts mehr!»

Menschenkenntnis bedeutet, zu erkennen: Wenn er nicht das bekommt, was er sich aus einem Gespräch erwartet, wird er auch keines mit ihr führen (nicht wirklich, nicht ehrlich und offen). Was erwartet sich ein vernunftorientierter Mensch von einem Gespräch?

Dass es einen sachlichen Anlass hat. Sobald sie das weiß, ist die Motivationsaufgabe klar und einfach: Finde einen konkreten Anlass für ein beziehungsförderliches Gespräch mit ihm! Diese Aufgabe ist leicht, weil es in jeder Beziehung täglich Dutzende sachliche Gesprächsanlässe gibt: die Arbeit, die Kinder, Freunde, Bekannte, Verwandte, Kollegen, Chefs, Kunden, Nachbarn, Wohnung, Urlaub, Wochenende, Freizeitaktivitäten, Reparaturen, Anschaffungen, Essen ...

Im Gespräch über diese ganz sachlichen Dinge öffnet sich der Kopfmensch und redet engagiert mit. Dabei wiederum kann sich ein gefühlsorientierter Mensch alles abholen, was er für seine Stimmungslage braucht: «Aha, er redet noch mit mir, er ist dabei, er mag mich noch, alles ist in Ordnung.»

Sie können einem Kopfmenschen aber auch (zusätzlich) reinen Wein einschenken und ihm Ihre Bedürfnisse mitteilen: «Ich weiß, dass du nicht gerne über Dinge redest, für die du keinen Anlass siehst. Ich sehe auch keinen konkreten Anlass dafür. Ich fühle mich einfach wohler, wenn wir auch über uns reden.» Kopfmenschen verstehen den Wink mit dem Zaunpfahl. Auf diesen Wink hin können Sie zwar nicht erwarten, dass er sofort total gefühlsorientiert wird. Doch Sie können erwarten, dass er den Wink versteht, dazulernt und am Anfang ganz kleine und oft rührend unbeholfene Versuche macht, Ihnen entgegenzukommen. Er versucht, Ihr Verhaltensmuster zu verstehen und stärker auf Sie einzugehen. Je eher Sie das anerkennen, desto stärker kommt er Ihnen entgegen. Ein echter Kopfmensch wird zwar nicht ein total emotionaler Mensch werden – doch in der Beziehung reicht meist der Versuch, weil er ein ehrliches Bemühen signalisiert.

## Was Organisatoren motiviert

Vermeiden Sie alles, was demotiviert, also den Verhaltensmustern des Menschen zuwiderläuft, den Sie motivieren möchten. Und tun Sie alles, was seinen Mustern entspricht. Einen Menschen mit ausgeprägtem Hang zu einem gut organisierten Leben frustrieren Sie am schnellsten, indem Sie

* nach dem Motto agieren «Erst Handeln, dann Denken», also von ihm erwarten, planlos in ein Vorhaben zu gehen;
* seine Art der Ordnung angreifen: «Sei doch mal spontan!»;
* von ihm erwarten, unvorbereitet ein Vorhaben anzupacken; ein Organisator braucht eine Menge Vorbereitung;
* von ihm verlangen, eine einmal getroffene Entscheidung wieder umzuwerfen;
* ihm nicht genau sagen, was er tun soll, sondern pauschal wünschen: «Mach doch einfach mal! Mach eben, wie dus dir denkst!» Das bringt ihn zur Weißglut: «Wenn du nicht weißt, was du willst, woher soll ich es dann wissen?!»

Vermeiden Sie diese Demotivationsfaktoren. Geben Sie ihm vielmehr, was ihn bewegt:

* Gehen Sie auf seine Ordnung der Dinge ein, akzeptieren Sie sie, so weit das eben geht.
* Gestehen Sie ihm schnelle Entscheidungen zu.
* Lassen Sie ihn nach Herzenslust vorbereiten, planen, ordnen und regeln.

Wenn Sie diese drei Punkte für selbstverständlich halten, seien Sie versichert: Der Teufel steckt im Detail der Umsetzung. In der Hitze des Gefechts vergessen wir nämlich meist, wie man motiviert. Dazu ein Beispiel. Familie Müller ist im Camper unterwegs. Sie: «Du, rechts gehts in einen Erlebnispark. Lass uns rasch mal abbiegen und schauen, ob das was für die Kinder ist.» Die Kinder rufen natürlich alle «Hurra!» Der Familienvater ist sauer: «Ich dachte, wir hätten uns darauf geeinigt, dass wir zuerst auf dem Campingplatz einchecken und uns dann in der Stadt umschauen.» Sie: «Nun sei doch mal ein bisschen flexibler!» Was ist das? Demotivation pur. Sie stört seine Ordnung, und er fühlt sich persönlich angegriffen, anstatt ihren Hang zur Spontaneität zu erkennen. Sie könnte ihn so motivieren: «Du hast ja

Recht, wir sollten uns an unsere Tagesplanung halten. Aber könnten wir mal eben rasch parken, um uns zu überlegen, wie wir diesen Erlebnispark, von dem wir ja heute morgen noch nichts wussten, in die Planung integrieren können?» Danach ist der Familienvater garantiert stärker motiviert, sich auf die «spontanen Einfälle» seiner Gattin einzulassen.

## Was Spontane begeistert

Spontane Menschen möchten am liebsten spontan sein. Sie demotivieren Sie immer dann unbewusst, wenn Sie
* ihnen eine vorgeprägte Ordnung aufzwingen;
* von ihnen schnelle Entscheidungen verlangen;
* von ihnen erwarten, dass sie sich an einmal getroffene Vereinbarungen unverrückbar halten;
* sie vor eine Alternative stellen: «A oder B!»;
* ihre Ordnung der Dinge als «Chaos» bezeichnen und dessen Beseitigung verlangen.

Natürlich kann Chaos oft sehr lästig und hinderlich sein. Doch Sie motivieren einen spontanen Menschen nicht, es zu beseitigen, indem Sie ihm seine Neigungen vorhalten. Das provoziert nur die berühmte Trotzreaktion. Arbeiten Sie nicht gegen, sondern mit seinen Verhaltensmustern, wenn Sie ihn motivieren möchten:
* Wenn Sie trotz seiner geliebten Neigung, sich möglichst lange für alles offen zu halten, eine Entscheidung von ihm brauchen, zeigen Sie ihm, dass die Entscheidung nicht für alle Zeiten und ohne Nachbesserungsmöglichkeiten gelten muss.
* Geben Sie ihm keine Alternative (A oder B), sondern viele Wahlmöglichkeiten.
* Verbieten Sie ihm seine Spontaneität niemals ganz (das funktioniert nicht), sondern gewähren Sie ihm eine Bandbreite der Flexibilität.

# Warum die übliche Motivation nicht funktioniert

«Wie motiviere ich meinen Partner, meine Kinder, meine Eltern, meine Kollegen, Freunde, Kunden ..., damit sie ... tun?» Diese Frage wird uns auf Seminaren immer wieder gestellt. Wenn Sie die vorangegangenen Seiten gelesen haben, wird Ihnen diese Frage inzwischen spanisch vorkommen: Es ist die falsche Frage. Denn auf diese Frage passen die typischen Antworten wie: Wenn Sie jemanden motivieren möchten, dann

- versprechen Sie ihm eine Belohnung;
- drohen Sie ihm sanft;
- überzeugen Sie sie mit guten Argumenten;
- reden Sie ihr gut zu.

Inzwischen wissen Sie, dass diese typischen Antworten auf die Motivationsfrage zwar sehr verbreitet, aber nichtsdestotrotz falsch sind. Denn auf gute Argumente reagiert zum Beispiel ein Kopfmensch gut – ein Bauchmensch wird sich auch von guten Argumenten wenig beeindrucken lassen. Gerade das regt uns oft so auf: «Warum sieht er nicht, dass es das Beste für ihn ist? Warum ist er nicht empfänglich für vernünftige Argumente?» Weil er ein Gefühlsmensch ist!

### Der beste Motivationstrick

Es gibt keine Supermotivatoren oder Geheimrezepte der Motivation. Alle «todsicheren Rezepte» scheitern mehr oder weniger – sofern sie nicht dem Typ des Menschen entsprechen, der motiviert werden soll.

Aus diesem Grund funktionieren Geld, Prämien, Incentives, Boni und andere typische Belohnungen nicht wirklich. Natürlich nimmt jeder gerne eine Belohnung mit, wenn sich das anbietet. Man ist schließlich kein Kostverächter. Doch dass einer Ihre Belohnung nimmt, heißt noch lange nicht, dass er damit schon begeistert ist. Er hat sich eben breitschlagen, verführen, überreden lassen. Mit Motivation hat das nichts zu tun. Mit Enthusiasmus dabei sind Menschen dagegen, wenn sie zum Beispiel ihrem Hobby nachgehen. Denn dort können sie ihre Verhaltensmuster ausleben. Wenn Sie Ihren Wunsch so formulieren, dass ein Mensch seine Verhaltensmuster ausleben kann, während er Ihren Wunsch erfüllt, erfüllt er Ihnen den Wunsch auch. Das ist Motivation. Das ist Menschenkenntnis.

### Stellen Sie die richtige Frage

Fragen Sie nicht: «Wie motiviere ich Menschen?» Denn darauf kann die Antwort nur falsch sein. Fragen Sie: «Was motiviert Menschen?» Darauf gibt es nur eine Antwort: Alles, was ihren Verhaltensmustern entspricht. Das ist Motivation.

Warum funktioniert die übliche Motivation oft nicht? Weil wir meist mit demselben Muster motivieren. Wer ein eher vernunftbetonter Mensch ist, wird immer mit vernünftigen Argumenten zu überzeugen versuchen – auch wenn er einen emotionalen Menschen vor sich hat.

### Machen Sie nicht, was Sie immer machen

Wenn Sie immer so motivieren, wie Sie immer motivieren, werden Sie auch immer die Ergebnisse bekommen, die Sie immer bekommen.

Wenn Sie einen Menschen nicht für Ihre Wünsche gewinnen können, versuchen Sie einfach mal etwas anderes. Zum Beispiel, das Verhaltensmuster des anderen zu treffen.

# Menschen sind mehrdimensional

Bislang haben wir betrachtet, wie Sie introvertierte Menschen, wie Sie Visionäre, Realisten oder Spontane motivieren können. Natürlich wussten wir dabei immer, dass Menschen nicht so eindimensional sind. Kein Mensch ist nur extravertiert. Er ist zum Beispiel auch ein in großen Zusammenhängen denkender, sehr emotionaler Mensch, der sein Leben gerne in geordneten Bahnen hält – da hätten wir wieder unsere vier typischen Verhaltensmuster beisammen. Für die Motivation bedeutet das:

## Je mehr Muster, desto mehr Motivation

Je mehr Verhaltensmuster eines Menschen Sie ansprechen, desto motivierter wird er Ihre Wünsche erfüllen.

Natürlich ist es am Anfang nicht leicht, mehrere Muster zu kombinieren. Sie werden sich bei Gedanken ertappen wie: «Okay, er ist ein Realist, also muss ich ihn mit guten Erfahrungen der Vergangenheit motivieren – aber was ist er noch? Kopfmensch? Und was motiviert diesen nun wieder?» Doch Sie werden relativ schnell dahinter kommen – denn der Mensch läuft ja in den meisten Fällen nicht weg. Mit der Zeit werden Sie herausbekommen, wie er «tickt», welche Muster er hat, und wie Sie immer mehr davon immer besser ansprechen und ihn damit immer noch besser begeistern können. Das ist das Schöne an der Motivation: Je öfter Sie motivieren, desto besser werden Sie dabei.

Sie erreichen bereits dann eine unvergleichliche Motivationswirkung, wenn Sie lediglich zwei Verhaltensmuster kombinieren. Damit erzielen Sie quasi die doppelte Motivationswirkung.

## Motivation kommt von Motive

Das, was einem Menschen wichtig ist, nennt man seine Motive (Interessen). Je mehr dieser Motive Sie treffen, desto intensiver motivieren Sie, desto motivierter reagiert der andere.

Was ist, wenn Sie einem Menschen eben erst begegnet sind oder aus einem anderen Grund einfach nicht schnell genug erkennen können, welches Verhaltensmuster bei ihm gerade aktiv ist? Müssen Sie dann darauf verzichten, ihn zu motivieren? Natürlich nicht.

### Wenn Sie am Ende Ihres Lateins sind

Wenn Sie die Verhaltensmuster eines Menschen nicht genau erkennen können oder Ihre Motivationsversuche nicht den gewünschten Erfolg haben, machen Sie es sich nicht unnötig schwer. Fragen Sie den anderen einfach: «Wann würde dich diese Aufgabe interessieren? Wie müsste sie dafür sein?» Das ist der Clou der Motivation: Der andere sagt Ihnen darauf selbst, wie Sie ihn am besten und schnellsten begeistern können!

## Auf einen Blick: So motivieren Sie richtig!

* Was einem Menschen wichtig ist (seine Motive), motiviert ihn. Sprechen Sie seine Motive an, um ihn zu motivieren!
* Finden Sie heraus, welche Motive ein Mensch hat.
* Je mehr Motive Sie ansprechen, desto motivierter ist der Mensch.
* Was die Motive eines Menschen sind, verraten Ihnen seine Verhaltensmuster.

# 6.  Das große Beziehungskapitel

## Wo ist der Märchenprinz, die Traumfrau?

Je enger Sie mit Menschen zusammenleben, desto nützlicher (und nötiger) wird Menschenkenntnis. Den engsten Kontakt pflegen Sie in einer Beziehung. Das kann eine Paarbeziehung sein, aber auch jede andere Beziehung, die Sie mit Ihren Kindern, Eltern, Geschwistern, A-Kunden, Team- oder Vereinskollegen pflegen. Je mehr Menschenkenntnis Sie haben, desto besser wird jede Ihrer Beziehungen.

### Menschenkenntnis macht Beziehungen aus

Menschenkenntnis versetzt Sie in die Lage,
- den richtigen Partner zu finden,
- sich vor Enttäuschungen bei der Partnerwahl zu bewahren,
- mit dem aktuellen Partner eine glückliche und stabile Beziehung zu erleben.

Wenn es um die Partnerwahl geht, ist eine häufig gestellte Frage: «Wie finde ich meinen Traummann, meine Traumfrau?» Viele Menschen haben diese Frage nach enttäuschenden Erfahrungen ins Reich der unerreichbaren Utopien abgeschoben. Die Menschenkenntnis gibt jedoch eine ganz pragmatische Antwort darauf. Antworten finden Sie in diesem Kapitel auch auf andere wichtige Beziehungsfragen:
- Wie kann ich mit meinem aktuellen Partner eine glücklichere Beziehung führen?
- Ich habe jemanden Neuen kennen gelernt. Wie finde ich möglichst schnell heraus, «ob es was wird» oder ob ichs lieber bleiben lassen soll?

# Gegensätze ziehen sich an

Gibt es den Märchenprinzen, die Traumfrau überhaupt? Die gute Nachricht vorneweg: Ja, es gibt sie, es gibt ihn. «Warum habe ich ihn/sie dann noch nicht gefunden?», fragen viele Seminarteilnehmer. Die Antwort: Weil Sie bislang falsch gesucht haben. Um «den Richtigen» oder «die Richtige» zu finden, sollten Sie zunächst wissen, was «richtig» für Sie bedeutet. Klingt äußerst trivial, wird bei der Partnersuche jedoch am häufigsten übersehen. Wer ist für Sie der «richtige» Partner? Darauf weiß der Volksmund zwei gegensätzliche Antworten:

- «Gleich und gleich gesellt sich gern», und
- «Gegensätze ziehen sich an.»

Beide Antworten schließen sich rein logisch betrachtet gegenseitig aus. Welche von beiden ist richtig? Beide – doch die zweite ist «richtiger». Wenige Menschen werden von Menschen angezogen, die ihnen ähnlich sind. Mit ihnen verstehen sie sich spontan (weil sie sich so ähnlich sind), fühlen sich verstanden und können Verständnis aufbringen. Es ergibt sich deshalb schnell eine gemeinsame Basis und Harmonie – aber auch oft genauso schnell eine beziehungskillende Langeweile. Eben weil der andere «nichts Neues» ist, weil man die meisten seiner Verhaltensmuster in- und auswendig kennt. Schließlich kennt man sie nur zu gut von sich selbst!

Die weitaus meisten Menschen dagegen finden ihren Gegenpol attraktiv. Von diesen Gegensätzen geht eine fast magische Faszination aus.

So finden schüchterne Menschen (Introvertierte) den Salonlöwen, den Alleinunterhalter (den Extravertierten) faszinierend. Grundvernünftige Menschen (Kopfmenschen) fühlen sich von der emotionalen Tiefe des Bauchmenschen angezogen – eben weil einem Kopfmenschen diese intensive Emotionalität fremd ist und er diese «Exotik» anziehend findet. Visionäre gehen oft Beziehungen mit bodenständigen Realisten ein, weil sie bewundern, was Realisten alles auf die Beine stellen, während sie als Visionäre noch darüber nachdenken.

Realisten wiederum verlieben sich oft in Visionäre, weil sie deren hochfliegende Ideen aufregend finden.

### Der/die Richtige für Sie

Die meisten Menschen finden Gegensätze attraktiv. Sie finden den Richtigen, die Richtige, indem Sie Ihren Gegenpol suchen.

## Warum ziehen sich Gegensätze an?

Oft scheint es, dass die Attraktivität umso größer ist, je größer die Gegensätze sind. Warum?

### Das Geheimnis der Attraktivität

Je weniger wir über einen Charakterzug verfügen, desto intensiver suchen wir ihn in anderen Menschen.

Besonders schüchterne Menschen (Introvertierte) vergöttern oft den typischen «Salonlöwen», weil er auftritt, wie sie sich nie aufzutreten wagen würden. Wir suchen diese fehlenden Eigenschaften in anderen, weil wir sie zu einem ausgewogenen, glücklichen Leben brauchen. Weil wir spüren: Mir fehlt etwas – und der andere kann mich ergänzen, damit ich «ganz» bin. Deshalb spricht der Volksmund auch von der «besseren Hälfte». Er spricht nicht von «derselben Hälfte». Diese Ergänzung macht aus einer Beziehung eine Symbiose, in der einer den anderen komplettiert.

Diese Ergänzung zeigt sich besonders anschaulich in Beziehungen, in denen die Partner dieselben Verhaltensmuster haben. Beide sind zum Beispiel introvertiert. Dann übernimmt der Partner mit der schwächeren Ausprägung der Introversion die Rolle des Extravertierten in der Beziehung: Er oder sie pflegt die Kontakte nach außen – sonst würden beide nur noch im eigenen Saft schmoren!

# Verhaltensmuster variieren

Wenn Sie herausgefunden haben, dass ein Mensch zum Beispiel introvertiert ist, wissen Sie damit noch nicht automatisch, *wie introvertiert* er ist.

### Intensität von Verhaltensmustern

Verhaltensmuster sind nicht wie Lichtschalter: entweder aus oder an. Sie können von sehr stark bis sehr schwach ausgeprägt sein.

Das Verhaltensmuster zum Beispiel eines Realisten kann sehr stark oder sehr schwach ausgeprägt sein. Es kann sogar beides sein: in der einen Situation sehr stark, in der anderen eher schwächer ausgeprägt.

### Variabilität von Verhaltensmustern

Verhaltensmuster variieren
- in der Intensität: von stark bis schwach,
- je nach Situation: von stark über schwach bis zum Gegenteil.

Es kommt regelmäßig vor, dass zum Beispiel ein Realist bei der Arbeit total pragmatisch denkt und seine Aufgaben Schritt für Schritt erledigt. In seinem Hobby ist er jedoch ungeheuer kreativ und visionär.

### Profi der Menschenkenntnis

Ein Profi der Menschenkenntnis fragt nicht: Wie ist dieser Mensch? Er fragt: In welcher Situation ist welches seiner Verhaltensmuster wie stark ausgeprägt?

Dass viele Menschen schon lange dieses Prinzip benutzen, zeigen Alltagsäußerungen wie: «Sobald er in Stress gerät, nimmt ers supergenau!» «Setz sie bloß nicht unter Druck – da ist sie überhaupt nicht mehr so kreativ wie sonst immer!» Oder genau umgekehrt: «Mach ihm ein wenig Druck – unter Druck hat er immer die besten Ideen!» Diese Äußerungen zeigen: Vielen Menschen ist durchaus bekannt, dass Verhaltensmuster in ihrer Intensität und von Situation zu Situation variieren.

## Wer ist Ihr Märchenprinz, Ihre Traumfrau?

Wenn Gegensätze sich anziehen, ist eines klar: Ihr Traumpartner sollte gegensätzlich zu Ihnen sein. Die Frage ist nur: Wie gegensätzlich? In allen vier Verhaltensmustern gegensätzlich?

### Gute Beziehungen

Analysiert man Beziehungen, stellt sich heraus: Für eine ausreichende Attraktivität sind lediglich zwei gegensätzliche Verhaltensmuster nötig, häufig findet man drei, manchmal auch vier.

Damit haben wir eine zentrale Frage der Partnersuche beantwortet:

### Daraus könnte was werden!

Wenn Sie eine neue Bekanntschaft machen und er oder sie sich in mindestens zwei Verhaltensmustern von Ihnen unterscheidet, dann wissen Sie: Daraus könnte was werden!

Der Märchenprinz, die Traumfrau ist also nichts Mystisches, sondern ganz einfach ein Mensch, der in zwei Mustern anders ist als Sie. Wenn Sie das wissen, fällt Ihnen die Suche bedeutend leichter. Vor allem reduzieren sich die Fehlversuche drastisch. Verfügt man dagegen nicht über dieses Wissen, kann man oft den Eindruck bekommen, dass es den Traumpartner überhaupt nicht gibt, dass er oder sie lediglich eine Utopie ist.

Wenn Sie gerade auf Partnersuche sind, wissen Sie nun, wonach Sie suchen sollten und wo Sie fündig werden. Wenn Sie dagegen schon einen Partner haben – was fangen Sie mit ihm oder ihr an? Zurückgeben, wenn er oder sie nicht passt? In einer Paarbeziehung mag das vielleicht angehen – aber was machen Sie mit anderen Beziehungen zu Kindern, Eltern, Verwandten, Kunden, Chefs, Kollegen, Mitarbeitern ...? Da gibt es in der Regel kein «Rückgaberecht».

## Wenn Sie bereits einen Partner haben

Welche Chancen hat Ihre derzeitige Beziehung? Wo liegen die guten, wo die eher problematischen Seiten? Wie kommen Sie besser mit Ihrem aktuellen Partner zurecht? Wie behandeln Sie ihn *richtig*?

Auf diese und andere Beziehungsfragen können Sie inzwischen selbst die Antworten finden – indem Sie Ihre Menschenkenntnis spielen lassen. Wir helfen Ihnen auf den folgenden Seiten dabei. Zuerst führen wir noch rasch eine Vereinfachung ein.

Sie wissen inzwischen, dass man jeden Menschen anhand seiner vier typischen Verhaltensmuster beschreiben, verstehen und vorhersagen kann. Sie können zum Beispiel über einen Menschen sagen: «Er ist ein extravertierter Visionär, der am liebsten kühl und sachlich entscheidet und spontan an die Dinge des Lebens herangeht.» Das stimmt. Aber es ist langatmig. Deshalb hat man eine internationale Konvention geschaffen, welche die einzelnen Verhaltensmuster mit einzelnen Buchstaben abkürzt. Da es eine internationale Vereinbarung ist, gehen die Abkürzungen auf die englischen Begriffe der einzelnen Verhaltensmuster zurück. Mittels dieser Abkürzungen verstehen Sie sich mit jedem Menschen auf der Welt, der den MBTI (siehe Seite 85) benutzt, und können jede Literatur dazu lesen und verstehen.

**Matrix der Verhaltensmuster**

| Verhaltensmuster | Eher ... | Oder eher ... |
| --- | --- | --- |
| Kontaktverhalten | introvertiert<br>I | extravertiert<br>E |
| Denkgewohnheit | realistisch,<br>pragmatisch<br>S wie sensitive,<br>wie es im Englischen<br>heißt | visionär<br>N – iNtuitive<br>(Englisch; – das I<br>ist schon von der<br>Introversion be-<br>legt.) |
| Entscheidungs-<br>verhalten | gefühlsorientiert<br>F wie Feeling | vernunftorientiert<br>T wie Thinking |
| Ordnungsverhalten | gut organisiert<br>J wie Judging<br>(urteilen), was Organi-<br>sierer gerne tun | flexibel, spontan<br>P wie Perceiving<br>– die Wahrneh-<br>mung für das<br>äußere Geschehen<br>ist bei spontanen<br>Menschen stark<br>ausgeprägt |

«Er ist ein extravertierter Visionär, der am liebsten kühl und sachlich entscheidet und spontan an die Dinge des Lebens herangeht.» Das können Sie nun kürzer und prägnanter sagen: Er ist ein ENTP. Das ist handlicher. Damit wird Ihre Beziehungsanalyse auf den folgenden Seiten erheblich einfacher. Ein Tipp: Wenn Sie beim Lesen der folgenden Seiten nicht mehr wissen, wofür die einzelnen Buchstaben der Abkürzungen stehen, schlagen Sie einfach diese Matrix nach. Die Buchstaben prägen sich sehr schnell ein.

# Wer passt zu wem?

Auf den folgenden Seiten finden Sie sämtliche denkbaren Idealpartner. Es gibt glücklicherweise nur sechzehn Möglichkeiten – eben sämtliche denkbaren Kombinationen der vier Verhaltensmuster-Paare. Sie brauchen noch nicht einmal alle dieser Persönlichkeitsprofile zu lesen. Zunächst werden Sie ohnehin nur die Profile Ihrer derzeitigen Beziehungspartner interessieren – und natürlich Ihr eigenes. Damit Sie leichter und schneller fündig werden, notieren Sie, wenn Sie möchten:

Mein Profil:
.............................................................................................................................
.............................................................................................................................

Partner:
.............................................................................................................................
.............................................................................................................................

Kinder:
.............................................................................................................................
.............................................................................................................................

Mutter:
.............................................................................................................................
.............................................................................................................................

Vater:
.............................................................................................................................
.............................................................................................................................
.............................................................................................................................

Chef:

.................................................................................................................

.................................................................................................................

.................................................................................................................

Mit wem pflegen Sie noch Beziehungen? Von welcher Beziehung
möchten Sie wissen, warum sie problematisch oder besonders glücklich ist?

**Worauf haben Sie sich da eingelassen?**

Wenn Sie das Profil eines Menschen kennen, wissen Sie, worauf Sie sich in
einer Beziehung eingelassen haben.

## Der ehrgeizige Schnelldenker (ENTJ)

Extravertierte (E) Visionäre (N), die am liebsten nach logischen Argumenten entscheiden (T) und alles gerne gut geregelt sehen (J), sind
ehrgeizige Menschen. Das macht die NJ-Kombination: Der Visionär
hat große Ziele, auch Lebensziele à la: «Ein Häuschen im Grünen und
Kinder.» Diese Ziele hat er auch schon genau geplant (J), will sie
schnellstmöglich erreichen und arbeitet deshalb ehrgeizig darauf hin.
Richten sich die Ziele des Visionärs eher auf den Beruf, erleben Sie
ihn selten zu Hause, weil der Ehrgeiz ihn im Büro festhält. Wenn Sie
einen eher häuslichen Partner suchen, entspricht das nicht Ihren Vorstellungen von einer harmonischen Beziehung.

Ehrgeizige Schnelldenker lieben es, das Leben zu strukturieren:
«Wenn wir zwei Kinder wollen, sollten wir jetzt noch unsere Fernrei-
seziele bereisen. Mit den Kindern kann man nicht so weit reisen.»
Schnelldenker verwenden viel Zeit mit solchen Zielüberlegungen und
den Richtlinien, die sie daraus ableiten. Wenn Sie erst zwei Wochen
in einer Beziehung sind, können Sie sich von solchen weit vorgrei-
fenden Planungen möglicherweise eingeengt fühlen (sofern Sie eher

zu SP tendieren). Für Schnelldenker müssen alle Entscheidungen vernünftig begründbar sein (T). Das heißt: Wenn Sie einen romantischen Träumer suchen, sind Sie mit einem ENTJ falsch beraten. Falls Sie selbst eher ein ENTJ-Typ sind, wird Ihnen schon aufgefallen sein, dass sich für Sie die Partnersuche etwas schwieriger gestaltet als für andere Menschen. Sie sind eben etwas kritischer als andere. Für weibliche Schnelldenker ist die Partnersuche besonders schwierig. Männer fühlen sich der starken Persönlichkeit und dem starken Willen von ENTJ-Frauen häufig unterlegen.

## Der kritische Geist (INTJ)

Wie der ENTJ so orientiert sich auch der INTJ am liebsten an guten Argumenten und vernünftigen Gründen (T). Er ist ein kritischer Geist (TJ). Da er im Gegensatz zum ehrgeizigen Schnelldenker (ENTJ) jedoch introvertiert ist, richtet sich seine Kritik häufiger gegen sich selbst. Er hat hohe Ansprüche an sich und ist selten mit sich zufrieden. Er ist sich selbst der strengste Kritiker. An dieser Stelle fällt es den Teilnehmern in unseren Seminaren regelmäßig wie Schuppen von den Augen: «Das trifft genau auf mich zu! Jetzt weiß ich endlich, warum ich oft so selbstkritisch, so unzufrieden mit mir bin!» Nosce te ipsum, sagte das Orakel zu Delphi. Erkenne dich selbst.

Seine Introversion macht den kritischen Geist zum stärksten Theoretiker unter allen Persönlichkeitstypen. Er oder sie legt sich die Welt logisch durchdacht im Kopf zurecht – was in einer Beziehung oft zu einem ernüchternden Erwachen führt, wenn der Partner bemerkt, dass sich die Realität mal wieder nicht an die hochfliegenden Theorien des kritischen Geistes hält.

Kritische Geister sind sehr zielstrebig im Verfolgen eigener (I!) Ziele und Wünsche. Da können die Wünsche und die Meinung des Beziehungspartners schon mal zu kurz kommen. Denn der innere Dialog ist beim kritischen Geist so intensiv, dass im Gegensatz zu eher extravertierten Menschen die Meinung anderer häufig einfach überhört wird. Das erklärt auch, warum kritische Geister oft negativ auf Anerkennung reagieren: Als Partner meinen Sie es gut mit dem kritischen Geist und wollen ihm für eine Leistung Anerkennung aussprechen – doch er reagiert fast schon verärgert darauf. Sein innerer Dialog kritisiert ihn nämlich gerade – und im Zweifelsfall hört er eher auf den inneren als auf den äußeren Dialog. Ein kritischer Geist kann mit Anerkennung nichts anfangen, solange er selbst nicht zufrieden mit sich ist. Glücklicherweise gilt das auch für Kritik: Kritik von außen berührt einen kritischen Geist kaum, da er hauptsächlich auf den inneren Kritiker hört. Damit besitzt er ein großes Maß an Unabhängigkeit.

Small Talk ist für den kritischen Geist ein Gräuel, weil es dabei nicht um sachlogische Argumente geht (T). Diese Abneigung kann in Beziehungen oft zu einer Gesprächsarmut führen – es sei denn, Sie zaubern schnell ein Thema aus dem Hut, bei dem der kritische Geist seinen Verstand einsetzen kann. Kritische Geister sind ideale Familienmenschen. Dank ihrer Introversion ziehen sie sich gerne ins Privatleben zurück. Als Eltern sind deshalb die Kinder der Mittelpunkt ihres Lebens. Kritische Geister gewähren ihren Kindern Beistand und Unterstützung, wobei die Kinder ihre eigene Entwicklung selbst bestimmen dürfen. Auf der anderen Seite zählen sie auf strenge und immer konsequente Disziplin. Sie mögen es nicht, sich wiederholen zu müssen: «Aber das haben wir doch schon lang und breit besprochen!» Wenn der Partner kein kritischer Geist ist, versteht er das natürlich nicht (es sei denn, er hat Menschenkenntnis).

## Der Trendsetter (ENTP)

ENTP sind sehr einfallsreich (N) und aufgeschlossen für neue Ereignisse, Möglichkeiten, Trends und News. Sie kriegen alles Neue am schnellsten mit. Traditionen und festgelegte Vorgehensweisen interessieren sie dagegen nicht sonderlich – was in Beziehungen oft problematisch wird, wenn der Partner Familientraditionen pflegen möchte: «Warum müssen wir schon wieder zu den Großeltern?» «Weil wir zu Ostern immer bei den Großeltern sind.» «Das ist doch kein Argument!»

Schwierigkeiten sind für Trendsetter Herausforderungen. Sie sind wahre Meister der Improvisation (P). Sie sind ständig bemüht, Dinge neu oder anders zu machen. Was einerseits gut ist, wenn es sachlich nötig ist, andererseits dem Partner auf den Geist gehen kann, wenn dieser sich von den ständigen Neuerungen überrollt fühlt. Dem Trendsetter geht es um Kompetenz (T). Da er aber Vorbereitung und Planung scheut (P), beschwört er oft selbst jene prekären Situationen herauf, aus denen ihn dann nur sein Improvisationstalent retten kann. Deshalb ist er auch eher nonkonformistisch. Regeln und Gesetze werden von ihm sehr flexibel interpretiert (im Klartext: er hält sich ungern und selten daran).

Als Lebenspartner sind Trendsetter gesellig (E), haben jedoch eine Abneigung gegen geordnete Abläufe des täglichen Lebens (NP), was die Organisation einer Familie etwas erschwert. Trendsetter sind naturgemäß risikofreudig, gewöhnlich nach dem Alles-oder-Nichts-Prinzip. Das zeigt sich auch im Beziehungsstreit, wo der Trendsetter schnell mit der Entscheidung zur Hand ist: «Dann machen wir eben Schluss!» Der Trendsetter macht selbst bei eher trivial erscheinenden Beziehungsproblemen lieber Schluss, als sich in eine Sackgasse fahren zu lassen. Denn die Möglichkeit des Beziehungsabbruchs ist für ihn immer noch besser, als gar keine Möglichkeit zu haben. Dieses Verhalten kann auf Beziehungspartner unstet und unzuverlässig wirken. Dafür zeigen Trendsetter anderen gegenüber hohe Toleranz.

## Der große Philosoph (INTP)

Der INTP zeigt dieselben Verhaltensmuster wie der ENTP – er zeigt sie lediglich stärker nach innen als nach außen: Philosophen sind eben gerne in sich gekehrt. Ein Philosoph hält mit seinen guten Ideen lieber hinterm Berg. Wenn er sie herauslässt, dann eher im Konjunktiv:

«Da könnte, müsste, hätte man doch ...» Philosophen äußern sich nicht spontan, sondern überlegen erst eingehend, bevor sie den Mund aufmachen. Das sollte man wissen, wenn man mit einem INTP zusammenlebt, sonst kann man sein Schweigen und Zögern leicht persönlich nehmen («Warum redest du nicht mehr mit mir?»). Auch hinterfragen Philosophen die Aussagen anderer nach deren Relevanz für den größeren Zusammenhang (NT): «Was bedeutet das denn nun?»

Der Philosoph möchte die Welt als Ganzes verstehen, weshalb er liebend gerne über so große Themen wie das Außenhandelsdefizit, die Globalisierung, die Sozialreformen oder die Klimaerwärmung redet. Auf andere wirkt das manchmal wie intellektueller Snobismus oder gar Arroganz. Vor allem, wenn der große Philosoph ungeduldig fragt: «Warum verstehst du das denn nicht?» Der Philosoph ist ein hochgradiger Theoretiker, der an der Realität um ihn herum nur sekundäres Interesse hat. Aus diesem Grund bleibt auch oft die Hausarbeit liegen – und nicht, weil er oder sie zu faul dafür wäre.

Auf ihre Partner wirken Philosophen oft gedankenverloren. Es fällt ihnen schwer, über Gefühle und Stimmungen zu reden (T). Sie können sich schlecht in die Gefühlslage anderer hineinversetzen. Deshalb nehmen sie die Bedürfnisse und Wünsche des Beziehungspartners oft nicht zur Kenntnis. Da hilft auch kein Winken mit dem Zaunpfahl: Dem Philosophen buchstabieren Sie am besten Ihre Gefühle, damit er sie zur Kenntnis nimmt. Dafür verbreiten Philosophen eine ruhige und angenehme Atmosphäre der Gelassenheit. Da sie zur Schüchternheit neigen, braucht es lange, um sie wirklich kennen zu lernen.

## Der Macher (ESTJ)

ESTJ sind da ganz anders. Sie stehen in ständigem Kontakt zur Außenwelt, zur Szene, zu Freunden, Bekannten, Kollegen und Kunden (E). Sie wissen immer, was gerade wo los ist. Das ist gut, wenn der Beziehungspartner «was losmachen» möchte und schlecht, wenn er oder sie einfach einen ruhigen Abend im trauten Kreis verbringen möchte.

Macher können ausgezeichnet und vor allem detailgenau (S) organisieren (J). Auf den Macher können Sie sich verlassen. Wenn er sagt, er steht fünf Minuten nach vier Uhr vor dem Kindergarten, um den Kleinen abzuholen, können Sie danach die Uhr stellen. Haben Sie Kinder, ist so ein Partner Gold wert: Er kümmert sich zuverlässig um die Aufgaben bei der Erziehung, die er übernimmt. Außerdem ist ein Macher treu. Wenn er einmal Ja gesagt hat, dann gilt das auf Dauer (J). Auf der anderen Seite kann einem seine Ordnungswut manchmal etwas auf die Nerven gehen. Vor allem, wenn er ungeduldig auf andere reagiert, die seine Sicht der Ordnung nicht teilen! Hinzu kommt, dass Macher unfehlbar das Haar in der Suppe finden und es anderen sofort unter die Nase reiben. Sie nehmen es oft zu genau. Dafür sind sie sehr pflicht- und verantwortungsbewusst, halten alles im Haus an seinem Platz, halten feste Zeiten ein und pflegen Familientraditionen. Das verbindet und schafft Gemeinsamkeiten.

## Der Gerechte (ISTJ)

Für den ISTJ gilt vieles von dem, was Sie bereits vom ESTJ kennen. Mit einer Steigerung: Der ISTJ ist der Inbegriff der Treue. Zwar hält sich auch der ESTJ an das, was er vor dem Altar geschworen hat. Doch der Gerechte schaut danach noch nicht einmal, was gerade an beziehungsfähigen Kandidaten zu haben wäre – denn er ist introvertiert. Der Gerechte sieht eine Partnerschaft als lebenslange Verpflichtung an. Gibt es Probleme in der Beziehung, wird der Gerechte sie eben Schritt für Schritt (S) bewältigen. Er wirft deshalb nicht einfach die Brocken hin (wie der P). Von einem ISTJ können Sie die sprichwörtliche «ewige Treue» erwarten – bei anderen Persönlichkeitstypen wird diese Erwartung oft enttäuscht.

Der Gerechte zeichnet sich durch seine enorme Gründlichkeit aus. Er ist es, der jedem Familienmitglied hinterherläuft, das Licht aus-

oder die Kühlschranktür zumacht und dabei Vorträge darüber hält, was das wieder kostet! Denn er ist sehr ressourcenbewusst und sicherheitsorientiert. Risiken geht er nur ungern ein. Er hat einen ausgeprägten Sinn für Gerechtigkeit, Fairness, Tugenden, Werte und Traditionen: «Das gehört sich nicht! Wenn das jeder täte!», sind Sätze, die er häufig im Mund führt.

Der Gerechte ist vernunftgesteuert und achtet in der Kindererziehung auf Konsequenz – was einen Partner, der auch gern mal nach Gefühl und Laune erzieht, oft vor Probleme stellt. Der Gerechte ist praktisch veranlagt und repariert gern und gründlich allerhand im Haushalt (S). Dafür bekommt man ihn weniger gut vor die Tür, um auch mal um die Häuser zu ziehen (I). Er liest erst die Gebrauchsanweisung, bevor er ein Gerät benutzt und hält sich streng ans Rezept, wenn er oder eher sie kocht. Improvisationen am Herd sind ihm ein Gräuel. Der Gerechte ist am Tagesgeschehen sehr interessiert und deshalb der typische Tageszeitungsleser.

## Die stillen Wasser (INFJ)

INFJ sind ausgesprochene Gefühlsmenschen (F), auch wenn sie das nach außen häufig nicht zeigen (I). Sie sind die sprichwörtlichen stillen Wasser, die tief gründen. Was einen INFJ berührt oder verletzt, bekommen nur wenige auserwählte Menschen mit. Stille Wassser reagieren oft schon auf triviale Anlässe sehr empfindlich, sagen aber nichts, sondern schmollen passiv-aggressiv und ausdauernd in ihrer Schmollecke. Wenn man den Grund dafür nicht kennt, leidet in diesen Momenten die Beziehung: «Was hast du denn? Warum sprichst du nicht mehr mit mir?»

Stille Wasser können gut zuhören und sich in andere hineinfühlen – eine wichtige Eigenschaft für jede Beziehung! Sie sind quasi mit einem Gefühlsbarometer ausgestattet und spüren sofort, wenn beim anderen etwas nicht stimmt. Menschen, die ihnen nahe stehen (I), helfen sie gerne. In der Familie sind sie der totale Helfertyp, möchten es

153

anderen stets recht machen. Das wird problematisch, wenn es zu einer fürsorglichen Umklammerung ausartet: «Es ist kalt draußen, zieh dir lieber einen Pullover an!» «Schatz, ich bin 35 und kann das inzwischen selbst entscheiden!» Leider ist es eher schwierig, stille Wasser kennen zu lernen, da sie eben so still, also sehr häuslich und zurückhaltend sind (I). Wer einen häuslichen Typ sucht, liegt hier richtig. Wer einen sucht, um mit ihm oder ihr um die Häuser zu ziehen, ist dagegen eher schlecht beraten.

Stille Wasser finden Konflikte destruktiv (F), weshalb sie eine deutliche Konfliktscheu an den Tag legen. Sie kritisieren andere kaum, dafür sich selbst umso intensiver (I). Wegen ihrer emotionalen Wärme und ihrem Verständnis sind sie als Gesprächspartner beliebt. Sie sind der Typ, dem man gerne sein Herz ausschüttet. Zu ihren Kindern haben sie sehr starke Bindungen, sie sind ihnen gute Freunde, achten jedoch auch auf Disziplin.

## Der lebhafte Romantiker (ENFP)

ENFP tanzen auf fünf Hochzeiten gleichzeitig (EN), ohne eine Sache wirklich zu Ende zu bringen. Das Leben mit einem lebhaften Romantiker ist sehr abwechslungsreich – oder stressig. Ein Seminarteilnehmer klagte einmal: «Kaum habe ich mich an eine ihrer neuen Ideen gewöhnt, hat sie schon eine neue ausgekocht!» Wer spricht da? Richtig, ein S, ein Realist. Noch zu Beginn der Beziehung fand er die vielen neuen Ideen seiner lebhaften und romantischen Partnerin prickelnd. Jetzt gehen sie ihm eher auf die Nerven. Dass Gefühle so radikal umschlagen können, ist typisch für Beziehungen. Woher dieser typische Stimmungsumschwung kommt, enträtseln wir in Kapitel 7 (Seite 166).

Lebhafte Romantiker interessieren sich weniger fürs Detail und mehr für die Auswirkungen und Zusammenhänge. Detailarbeit kostet sie zu viel Energie, deshalb werden sie schnell ungeduldig. Sie können im Restaurant ihrem Partner zuhören und gleichzeitig drei Tische weiter die Gäste beobachten. Sie bewerten den Sympathiefaktor hoch, weniger die rationalen Argumente für eine Beziehung. Sie sind leicht gekränkt (F), aber nicht nachtragend (P). Sie sind von allen Typen am leichtesten und schnellsten zu begeistern – verlieren aber genau so schnell die Lust an aktuellen Vorhaben. Die Vorfreude ist für sie wichtiger als die Freude. Sie freuen sich mächtig auf bestimmte Ereignisse; doch treffen die Ereignisse ein, freuen sie sich weniger darüber – dafür freuen sie sich bereits aufs nächste, nahende Ereignis: Der lebhafte Romantiker lebt heute schon im Morgen, immer seinem romantischen Ideal hinterherlaufend!

Lebhafte Romantiker lassen sich nicht in fixe Abläufe und Regelungen pressen (P). Ihr starker Drang nach Unabhängigkeit führt in der Beziehung dazu, dass sie zwar oft nach einer lebenslangen Bindung suchen, sich jedoch für den Fall der Fälle stets ein Hintertürchen offen halten. Also immer ein paar Telefonnummern warm halten oder eine eigene Eigentumswohnung als mögliche Zuflucht in Reserve haben. «Im Falle eines Falles immer mehrere Möglichkeiten haben», ist eine ihrer wichtigsten Devisen. Da sie Romantiker sind, träumen sie von der romantischen Liebe (NF), was den Beziehungsalltag nicht immer erleichtert: Die hohen, romantischen Ideale des Visionärs lassen sich in der Beziehungsrealität selten verwirklichen.

## Der heimliche Visionär (INFP)

INFP wirken scheinbar ausgeglichener als die eher unruhig wirkenden ENFP; das macht ihre Introversion. Sie sind ebenfalls sehr idealistisch engagiert (N), jedoch für weniger Dinge und Menschen als der extravertierte ENFP. Sie sind zu großen Opfern bereit, wenn sie an einen Menschen oder eine Sache glauben. Sie streben ein Leben in vollem Einklang mit sich selbst an. Deshalb finden sie gerne Ruhe in der Natur oder der Meditation – ein extravertierter ENFP könnte nicht so lange stillsitzen.

Heimliche Visionäre haben oft Probleme, sich bei der Partnersuche festzulegen (P): «Wer weiß, ob nicht was Besseres nachkommt ...» Sie vertrösten ihren Partner immer wieder, weil eine feste Bindung sie potenziell besserer Möglichkeiten beraubt. Mehr und mehr INFP-Frauen ziehen deshalb lieber ihre Kinder alleine groß, als sich an einen festen Partner zu binden. Allein zu erziehen, ist zwar eine große Belastung – doch die Belastung einer festen Bindung wäre für sie noch größer.

Heimliche Visionäre führen gerne eine harmonische Beziehung und vermeiden offene Konflikte (F). Sie sind empfindsam für die Gefühle des Beziehungspartners. Ihre Introversion macht es ihnen schwer, dem Beziehungspartner ihre Zuneigung offen und direkt zu kommunizieren. Sie reden nicht gerne darüber. Sie drücken ihre Zuneigung lieber indirekt aus mit Geschenken und Aufmerksamkeiten. Als Introvertierte betrachten sie Heim und Familie als ihr Königreich: My home is my castle. Sie sind innerhalb einer Beziehung sehr anpassungsfähig – so weit ihre Ideale nicht angegriffen werden.

## Der Entertainer (ESFP)

ESFP brauchen das Rampenlicht (E). Sie sind die geborenen Entertainer und Partylöwen. Dank ihres S-Anteils können sie sich Bonmots, Witze und Zitate merken, mit denen sie unterhalten und beeindrucken (ein N vergisst oder verdreht schon mal die Pointe eines Witzes). Ihr F-Verhaltensmuster lässt sie jede Anekdote, mit der sie brillieren, in bunten und emotionalen Farben ausmalen. Im Normalfall haben sie ein unkritisches, frohes und zufriedenes Naturell; das macht die FP-Kombination. Die EFP-Kombination sorgt auch dafür, dass sie sehr schnell wütend werden und das auch deutlich zeigen (E), sich aber ebenso schnell wieder beruhigen (P). Wer das nicht versteht, hält den ESFP für einen unsteten Menschen oder einen Choleriker.

Entertainer setzen selten Prioritäten, sondern reagieren auf jede Anforderung mit derselben Energie. Das kann nervig werden, wenn der Entertainer mal wieder aus einer Mücke einen Elefanten macht.

Ein Kopfmensch (T) würde die Mücke mit Abstand betrachten, ein Visionär (N) würde sie im Verhältnis zum Elefanten betrachten – doch beim Entertainer bestimmen eben S und F sein Denken. Er bringt einem Fremden oft genauso viel Aufmerksamkeit entgegen wie seinem Beziehungspartner (E), was häufig Anlass für Eifersucht ist. Dafür macht der Entertainer seinem oder seiner Liebsten gerne extravagante Geschenke vor großem Publikum – eben wegen des Unterhaltungswertes.

Entertainer sind Realisten, die sich mit den Gegebenheiten in Beziehungen eher abfinden. Sie machen sich keine Gedanken darüber, ob nicht ein anderer Partner doch besser zu ihnen gepasst hätte. Der Entertainer denkt: «Es ist so, wie es ist. Basta.» Leider macht ihn diese Eigenart oft blind für Entwicklungen, die seine Beziehung gefährden könnten. Hinzu kommt, dass Entertainer oft impulsiv, aus der Laune des Augenblicks heraus agieren (P). Sie haben eben einen starken Tatendrang (S). Sie suchen in der Regel handwerkliche Hobbys (S), die sie nach einiger Zeit gerne auch wieder wechseln (P). Wenn man das nicht weiß, kann einen der «Verschleiß» an Hobbys nerven: «Vor kurzem erst hast du im Keller einen Fitnessraum eingerichtet und jetzt willst du einen Bastelraum daraus machen?»

## Der stille Denker (ISTP)

Wenn Sie einen Extremsportler oder enthusiastischen Individualsportler sehen, dann ist er typischerweise ein ISTP. S ist das zupackende Element, das ihn oder sie in die sportliche Betätigung und zu immer neuer Verbesserung der eigenen Leistung drängt. I bedeutet: Er oder sie ist Einzelkämpfer, kein Teamsportler. Stille Denker sind abenteuerlustig: Sie entdecken nicht nur gerne Neues (P), sie probieren es auch gleich aus (S). Dabei vertiefen sie sich ganz in ihr Tun, gehen vollständig in ihrer Beschäftigung auf (IS). Deshalb sehen eingefleischte Jogger, Radler oder Tourengeher so vergeistigt aus: Sie sind gedanklich ganz in ihrer Innenwelt versunken. Sie leben buchstäblich im Hier und Jetzt – nicht in der fernen Zukunft, wie der N. Sie leben sich in ihrer Tätigkeit aus – nicht in einer Beziehung! Das kann eifersüchtig machen: «Du gehst lieber Joggen, als mit mir zusammen etwas Zeit zu verbringen!» Falls der Partner jedoch demselben Hobby frönt, finden beide dieses tiefe gemeinsame Erleben im Hobby – und weniges im Leben verbindet zwei Menschen und vertieft eine Beziehung so intensiv wie gemeinsam vergossener Schweiß auf dem Jogging-Pfad oder dem Mountain-Bike-Trail.

Langes Umwerben eines Beziehungspartners finden stille Denker öde. Wenn Sie sich diesbezüglich vernachlässigt fühlen: Das liegt nicht an Ihrer mangelnden Attraktivität. Es liegt am stillen Denker, der eben nicht gerne lange wirbt. Falls Sie selbst ein solcher Denker sind, sollten Sie zumindest erwägen, dass es sich manchmal lohnt, über den eigenen Schatten zu springen und um einen Partner etwas länger zu werben. An die Zukunft denkt der stille Denker nicht oft. Da er eher im Hier und Jetzt lebt, wird er sein Geld eher für den Konsum als für Investitionen und Altersvorsorge ausgeben. Das rät ihm seine Überzeugung: «Wer weiß schon, was in fünf Jahren ist?»

Die S-Komponente lässt stille Denker körperliche Nähe und Zärtlichkeit gut genießen – allerdings sind sie wegen ihrer Introversion besser im Nehmen als im Geben: Ein stiller Denker genießt zwar zum Beispiel eine Partnermassage, kommt aber eher selten auf die Idee, von sich aus eine anzubieten. Falls Sie mit einem stillen Denker zusammenleben: Die Zurückhaltung Ihres Partners liegt nicht an Ihnen – der ISTP konzentriert sich eben mehr auf sich als auf andere. Falls Sie ein stiller Denker sind, sollten Sie sich bewusst sein, dass eine Beziehung in Schieflage gerät, sobald das Gleichgewicht von Geben und Nehmen gestört ist.

## Der sympathische Künstler (ISFP)

ISFP haben sich sehr oft den schönen Künsten verschrieben. Musik und Tanz scheinen fast ausschließlich die Domäne der ISFP zu sein.

Das macht die SF-Kombination. Das S drängt zum Gegenständlichen und zur aktiven Bewegung, das F sagt: «So mag ichs! So finde ich das ästhetisch und emotional ansprechend.» Ein T kann auch mal vor einem Bild stehen und behaupten: «Das sagt mir jetzt überhaupt nichts.» Wegen ihrer Introversion drücken sich Künstler lieber nicht offen und direkt aus. Ihr Wort ist quasi die Tat. Das führt in Beziehungen oft zu Missverständnissen: Er ist zum Beispiel traurig, sagt das aber nicht, sondern schreibt ein trauriges Gedicht oder malt ein Bild in düsteren Farben – und keiner versteht ihn!

Sympathische Künstler planen nicht gerne, sie handeln lieber impulsiv. Verpflichtungen oder Beschränkungen weisen sie am liebsten von sich. Wenn sie etwas tun, dann nicht aus Verantwortungs- oder Pflichtgefühl, sondern aus innerem Drang oder aus Freude heraus. Das wirkt auf Menschen ohne ausreichende Menschenkenntnis oft verantwortungslos – dabei ist es lediglich buchstäblich freudlos. Sympathische Künstler denken und handeln weniger zukunftsorientiert auf ein bestimmtes Ziel hin, sondern leben ganz in der Gegenwart. Sie haben ein besonderes Talent zur Improvisation (P). Sie tun Dinge nicht, wenn sie nötig und vernünftig sind (das wäre das T-Muster), sondern wenn sie ästhetisch sind (F). Deshalb haben sie eine sehr feine Wahrnehmung für Farben, Töne, Gerüche und Geschmack.

Sympathische Künstler sind mit Abstand die liebenswürdigsten und freundlichsten aller Typen. Sie besitzen ein feines Mitgefühl (F) gegenüber den Sorgen und Schmerzen anderer Menschen im engeren Umkreis (I). Sie geben und helfen gerne großherzig (SF). Der NF dagegen fühlt zwar auch mit, doch die tätige Hilfe ist wegen des N-Musters nicht gerade sein Ding.

## Der gute Geist (ISFJ)

ISFJ-Menschen sind Traditionen, Beständigkeit, geregelte Umstände und Abläufe, eine gewisse Ordnung und pfleglicher Umgang mit Ressourcen sehr wichtig. Sie haben eine Abneigung gegen Verschwendung, Ineffizienz, einen ständigen Wechsel in den Abläufen. Sie halten mehr von Konsequenz. Sie sind sehr hilfsbereit (SF) und opfern sich auch für Partner oder Familie (I) auf. Das geht so weit, dass sie manchmal regelrecht Partner suchen, für die sie sich aufopfern können, wie zum Beispiel Suchtkranke. Da sie selbst über ihre barmherzigen Taten keine großen Worte machen (I), nimmt die Umwelt ihre Hilfe oft als selbstverständlich. Das enttäuscht und verbittert die guten Geister – was sie aber ebenfalls nicht zeigen (I), sondern im Stillen in sich gären lassen.

Wenn Ihr ISFJ-Partner also wieder mal still schmollt, überlegen Sie, welche seiner Großtaten Sie in letzter Zeit ohne Anerkennung vorüberstreichen ließen, weil sie für Sie selbstverständlich geworden sind.

Falls Sie selber ein guter Geist sind: Holen Sie sich die Anerkennung, die Ihnen zusteht. Die Menschen sind in der Regel sehr dankbar, wenn Sie ihnen eine Chance geben, ihre Dankbarkeit auszudrücken.

Für gute Geister ist der Rückzug ins Häusliche wichtig. Sie brauchen ihre Haus- und Gartenarbeit. Für andere sieht das zwar wie Arbeit aus und oft wie unnötige Arbeit obendrein («Nun lass doch mal den Garten in Ruhe!»). Doch der gute Geist tankt bei diesen Retreats (wie es neuhochdeutsch heißt) neue Energie. Gute Geister denken und leben pragmatisch. Wenn Sie mit ihnen über «unsere Zukunft» reden wollen, können Sie schon mal leere Blicke und ein verlegenes Gemurmel ernten. Das liegt nicht daran, dass er oder sie nicht an einer gemeinsamen Zukunft mit Ihnen interessiert ist, sondern dass gute Geister (wegen ihres S-Musters) «Spekulationen» lieber anderen überlassen.

## Der perfekte Gastgeber (ESFJ)

ESFJ-Menschen sind wie alle Extravertierten gesellige Typen. Ihr F-Muster macht sie dabei sehr umgänglich: Sie lieben harmonische Beziehungen und gehen offenen Konflikten am liebsten aus dem Weg.

Was sie in einer Beziehung überhaupt nicht abkönnen, sind offene Auseinandersetzungen. Für sie sind das keine «klärenden Gewitter», sondern fast schon eine Aufkündigung der Freundschaft. Sie sind perfekte Gastgeber (ES), die gleichzeitig für eine ansprechende Atmosphäre sorgen (F). Sie genießen die Zeremonien der Gastfreundschaft, die mit dem Servieren feiner Speisen und Getränke einhergehen. Bei festlichen Anlässen blühen sie auf – was ein Segen für jede Beziehung ist, wenn man bedenkt, dass vielen anderen Typen Familienfestlichkeiten eher auf die Nerven gehen. Perfekte Gastgeber sind nicht so sehr an Ideen (N) und Grundsätzen (T), sondern eher an Menschen (F) und konkreten Dingen (S) interessiert.

Perfekte Gastgeber achten auf ein gepflegtes Äußeres, da ihnen die Meinung anderer wichtig ist. Sie würden nie im Hausanzug vor die Tür gehen, nicht einmal um die Zeitung aus dem Briefkasten zu holen. Sie sind jederzeit offen für andere und interessieren sich für die Lebensumstände anderer Menschen (EF). In der Beziehung haben sie klare Vorstellungen, was man wie machen muss, was richtig und was falsch ist (J). Hat der Partner dieselben Vorstellungen, harmoniert das prima. Wenn nicht, gibt es Probleme. Perfekte Gastgeber akzeptieren traditionelle Beziehungsrollen und nehmen ihr Eheversprechen ernst. Sie machen aus ihren Gefühlen kein Geheimnis (EF), was jeder Beziehung gut tut. Sie urteilen gern und schnell (J) und sind extravertiert. Das heißt: Das Urteil anderer Menschen ist ihnen in der Regel wichtiger als ihr eigenes Urteil. Deshalb benötigen sie viel Aufmerksamkeit und Anerkennung von anderen. Sie saugen sie wie ein Schwamm auf. Wenn sie nicht ausreichend Anerkennung bekommen, betreiben sie Fishing for Compliments, sie betteln um Anerkennung, indem sie «beiläufig» ihre Leistungen erwähnen. Wer das nicht weiß, hält das oft für unselbstständig, prahlerisch oder anbiedernd. Wer die nötige Menschenkenntnis hat, wird den ESFJ dagegen immer mit ausreichend Anerkennung versorgen – so leicht kann Beziehungspflege sein! Damit sind wir ganz nebenbei über das Geheimnis einer guten Beziehung gestolpert.

### Das Geheimnis einer guten Beziehung

Stellen Sie sich eine typische Beziehungsszene vor: Ein Partner erzählt, was er heute alles Tolles geleistet hat. Der andere denkt: «Das ist doch gar nichts! Da hatte ich einen viel härteren Tag!», «Warum muss sie sich denn immer so aufspielen?», «Er ist ein erwachsener Mann – soll ich loben wie einen Fünf-jährigen, wenn er den Ball gefangen hat?», «Was soll denn das jetzt? Warum tut sie das?»

Viele Menschen wundern sich oder ignorieren es schlicht, wenn ein Be-ziehungspartner Fishing for Compliments betreibt. Wer dagegen Menschen-kenntnis hat, erkennt: Aha, typisch ESFJ! Mit Menschenkenntnis erkennen Sie die eigentlichen Bedürfnisse hinter dem oft seltsamen Verhalten von Bezie-hungspartnern. Erkennen Sie, was dem anderen wichtig ist, können Sie es ihm geben – das hält die Beziehung am Leben, macht sie harmonisch und belastungsfähig. Er fischt nach Komplimenten? Soll er haben: «Das hast du echt toll hingekriegt, Donnerwetter.» Wie gut ihm das tut, können Sie in sei-nem Gesicht lesen.

### Menschenkenntnis ist gut für die Beziehung

Wer Menschenkenntnis hat, erkennt die Bedürfnisse des anderen. Wer die Bedürfnisse des anderen erkennt, akzeptiert und vor allem aktiv darauf ein-geht, wird immer eine gute, harmonische, stabile Beziehung haben.

Wenn Sie mit einem Helfertyp (SF) eine Beziehung haben, dann lassen Sie ihn eben helfen (wo es passt und geht) – und anerkennen Sie ihn dafür: «Danke, du hast mir sehr geholfen.» Es sind diese kleinen Dinge, die Bezie-hungen harmonisch und solide machen. Es sind immer die kleinen Dinge, die den großen Unterschied machen.

# Der Feuerwehrmann (ESTP)

ESTP sind die geborenen Krisenmanager. Sie behalten auch in der Krise die Nerven, da sie flexibel genug sind (P), mit überraschenden

Krisenwendungen zurechtzukommen. Dank ihres S-Musters können sie eine sehr genaue Analyse der Stresssituation vornehmen und dank ihres T-Musters entscheiden, was in dieser Situation das Vernünftigste ist.

Feuerwehrmänner setzen die nötigen Dinge in Bewegung (ES). Sie haben ihr Umfeld scharf im Blick, selten entgeht ihnen eine Information. Diese Informationen wissen sie auch für sich zu nutzen. In Stresssituationen behalten sie die Nerven (P) und greifen zu pragmatischen, bewährten Lösungen (S). Weil sie so flexibel und spontan sind, wirken sie auf andere manchmal unberechenbar. Sie sind von amüsanter Schlagfertigkeit und haben die Lacher immer auf ihrer Seite – denn mit der Extraversion ist auch das rhetorische Geschick verbunden, P verleiht die nötige Spontaneität und S das richtige Wort am richtigen Platz.

So amüsant der Feuerwehrmann (und selbstverständlich auch die Feuerwehrfrau) auf Partys ist – was ihn als Beziehungskandidat sehr attraktiv erscheinen lässt –, so unverbindlich lässt es ihn oft in Beziehungen sein. Das wird häufig als «Bindungsangst» oder «Beziehungsunfähigkeit» missinterpretiert, ist es aber nicht. Der Feuerwehrmann liebt wegen seines P-Musters einfach seine Unabhängigkeit viel zu sehr. Außerdem kann er eines nicht verstehen: «Woher soll ich denn wissen, wie es in fünf Jahren ist?» Das ist keine dumme Ausrede – der Feuerwehrmann möchte sich einfach nicht so lange im Voraus festlegen (das macht der J, nicht der P). Nicht jede Beziehung verträgt diese Unverbindlichkeit. Sie bleibt dem Partner oft auch rätselhaft: «Er liebt mich, möchte sich aber nicht binden – wie passt denn das zusammen?»

Im Sport und Spiel liebt der Feuerwehrmann den Nervenkitzel. Seine P- und S-Muster sagen ihm: «Da ist was Neues! Gleich ausprobieren!» Die Beziehung zu einem Feuerwehrmann kann dadurch sehr nervenaufreibend, aber auch sehr abwechslungsreich und lebendig sein. Auf der Suche nach Neuem, Aufregendem, kann für den Feuerwehrmann die Beziehung oder Familie auch mal an die zweite Stelle rutschen.

### Der einfühlsame Idealist (ENFJ)

ENFJ-Menschen strahlen Fürsorglichkeit und Engagement aus (NF). Sie neigen dazu, eine Beziehung zu idealisieren, den Traum von der perfekten Partnerschaft zu verfolgen. Wenn Sie ein solcher Idealist sind, werden Sie mit Ihren hohen Idealen Ihren Partner zeitweilig überfordern. Eigene Kinder werden ebenso idealisiert – wobei der Idealist ihre Schwächen «übersieht», statt mit den Kindern daran zu arbeiten. Ihr besonderes Einfühlungsvermögen (F) hindert einfühlsame Idealisten häufig daran, die Dinge mit dem nötigen Abstand zu betrachten. Schnell machen sie sich die Sorgen anderer zu Eigen. Sie bevorzugen ein geregeltes und gut organisiertes Umfeld (J), planen berufliche und gesellschaftliche Verpflichtungen gerne im Voraus und halten Versprechen peinlich genau ein. Ihr Charme macht sie bei den Menschen beliebt. Allerdings können sie ihre Beziehungspartner mit ihren heftigen Gefühlsausbrüchen (EF) auch schon mal vor den Kopf stossen. Einfühlsame Idealisten wissen im Allgemeinen, was sie wollen und wie sie sich langfristig so einrichten, dass sie es auch bekommen.

# Auf einen Blick:
# So finden Sie Glück in der Beziehung

* Ihr «Idealpartner» unterscheidet sich in mindestens zwei Verhaltensmustern von Ihnen.
* Je besser Sie auf die Bedürfnisse Ihres Partners eingehen, desto glücklicher wird Ihre Beziehung.
* Was die Bedürfnisse Ihres Partners sind, sagt Ihnen sein Verhaltensprofil.
* Kommunikation ist die Quelle jeder guten Beziehung: Reden Sie so mit Ihrem Partner, dass Ihre Sprache zu seinem Verhaltensmuster passt (s. a. Kapitel 4).

# 7. Wie ändere ich meinen Mann?

## Das Monroe-Syndrom: Wenn die Liebe geht

Gegensätze ziehen sich also an. Das stille Wasser findet die Partylöwin faszinierend. Die kühle Businessfrau findet den hoch emotionalen Künstler anziehend. Die intellektuelle Träumerin findet den bodenständigen Macher attraktiv – und drei Monate später gehen sich beide gegenseitig auf die Nerven!

### Aus Faszination wird Frustration

Die meisten Menschen suchen sich Partner mit gegensätzlichem Persönlichkeitsprofil, weil sie die Andersartigkeit faszinierend finden. Nach der ersten Verliebtheit schlägt diese Faszination jedoch häufig in Frustration um: Es nervt nur noch, dass der andere so ganz anders ist und «nie das tut, was ich will».

Eine Anekdote über Marilyn Monroe illustriert das Umschlagen der Attraktivität in Ärger. Kurz vor ihrer Heirat mit Joe DiMaggio sagte sie: «Wenn ich heimkomme, ist er schon da und schaut den Sportkanal, ich bringe ihm ein Bier und die Hausschuhe – ich liebe diese traute Heimeligkeit!» Kurz vor ihrer Scheidung sagte sie: «Immer wenn ich heimkomme, sitzt er vor der Glotze, schaut eine doofe Sportsendung und erwartet von mir, dass ich ihm Bier und Pantoffeln bringe. Ich hasse das!» Exakt das, was sie zu Beginn ihrer Beziehung so attraktiv an dem US-Baseballstar fand, war Monate später der Grund dafür, dass sie sich von ihm trennte.

Dieses Umschlagen der Gefühle finden wir häufig: Erst findet man die vielen Ideen des Visionärs (N) toll: «Sie sprudelt nur so vor Einfällen!» Nach einigen Wochen fühlt man sich davon jedoch nur noch überfordert: «Kaum habe ich mich an eine ihrer Neuerungen gewöhnt, hat sie sie auch schon wieder abgeschafft!» Erst findet man die Emotionalität des Bauchmenschen attraktiv: «Er hat unheimlich viel Gefühl.» Dann gehen einem die vielen Gefühle auf den Wecker: «Er ist so gefühlsdusselig!»

Und das ist nicht nur bei den Menschen so, die Gegensätze attraktiv finden. Auch bei Menschen, die Beziehungen mit Partnern eingehen, die über dieselben Verhaltensmuster verfügen, stellt sich diese Ernüchterung ein, nämlich in Form der Langeweile. Man verliebt sich, weil der andere einem so vertraut ist – und genau das macht ihn nach einigen Wochen scheinbar unerträglich langweilig. Eben weil man schon alles an ihm kennt – nämlich von sich selbst.

## Warum stürzen Beziehungen ab?

Wir haben gesehen, dass die meisten Menschen sich einen Partner suchen, der sie ergänzt, und dass diese Ergänzung auch Sinn macht. Warum hat man (und frau) nach der ersten Phase der Verliebtheit diese attraktive Ergänzung dann so schnell satt? Dafür gibt es gute Gründe: Man wünscht sie sich zwar und sucht die Ergänzung, doch

- was man sich wünscht und womit man umgehen kann, ist nicht immer dasselbe;
- dass die Ergänzung sinnvoll und attraktiv ist, heißt nicht automatisch, dass man damit auch umgehen kann.

«So viel Ergänzung wollte ich dann doch nicht», meinte eine Seminarteilnehmerin neulich. Warum nicht? Weil sie nicht damit umgehen kann.

Warum kommen Beziehungspartner meist erst nach Wochen, Monaten oder gar Jahren darauf, dass sie mit der attraktiven Andersartigkeit des anderen nicht umgehen können? Weil sie in der ersten

Phase der Verliebtheit noch nicht daran denken, dass sie mit den attraktiven, andersartigen Seiten des Partners auch umgehen können *sollten*. Weil sie sich in den ersten Wochen der jungen Liebe gegenseitig anhimmeln. Wer frisch verliebt ist, denkt nicht so sehr ans Praktische. Das ist ein herausragendes Symptom des Verliebtseins, das Schweben auf Wolke sieben.

Erst wenn nach einiger Zeit der Alltag stärker Einzug hält, wachen die Partner für die Tatsache auf, dass der andere eben ganz anders an bestimmte Dinge herangeht als man selbst – und dass man viel zu wenig Ahnung hat, wie man mit dieser fremden Herangehensweise umgehen soll! Dann entstehen die ersten großen Beziehungskrisen. Dann erkennt man durchaus schmerzlich:

**Liebe reicht nicht**

Dass zwei sich aus tiefstem Herzen lieben, heißt nicht, dass sie auch miteinander umgehen können.

## Symptome der Ernüchterung

Irgendwann merkt jede(r), dass er oder sie mit der Andersartigkeit des anderen nicht so toll zurechtkommt. Diese Phase der Ernüchterung ist gekennzeichnet durch

- den Partnerfrust, der einen genervt fragen lässt: «Warum gehts eigentlich immer nur nach seinem/ihrem Willen?»
- die Resignation: «Er/sie nimmt einfach viel zu wenig Rücksicht auf meine Interessen»;
- Vorwürfe an die Adresse des Partners: «Du bist immer so empfindlich!»
- Rechtfertigungsorgien: Er: «Nimms doch nicht immer so schrecklich genau!» Sie: «Das tue ich doch überhaupt nicht. Du bist einfach zu schlampig!» Er: «Das stimmt nicht. Du machst alles unnötig kompliziert»;

* vergebliche Erziehungsversuche: «Nun sei doch mal ein bisschen flexibler!»

Spätestens hier wird klar, dass wir nicht mehr nur über die Paarbeziehung, sondern über jede Beziehung reden: Alle diese Stoßseufzer der Ernüchterung fallen täglich in vielen Beziehungen zu den eigenen Kindern, Eltern, Geschwistern, Chefs, Kollegen, Mitarbeitern, Kunden ... Deshalb können Sie alles, was Sie in diesem Kapitel über die Wiederbelebung von Paarbeziehungen lesen, getrost auf alle anderen Beziehungen übertragen.

## Ändern Sie nicht!

Warum funktionieren Vorwürfe und Rechtfertigungsorgien, Appelle und Vorhaltungen nicht? Warum wird die Partnerin nicht endlich ein bisschen pünktlicher, obwohl Sie es schon hundertmal gesagt haben? Warum hört der Partner nicht auf damit, so eingeschnappt auf ein offenes Wort zu reagieren, auch wenn Sie sich das noch so sehr wünschen? «Typisch Mann», heißt es oft, «der sieht das einfach nicht ein.» Oder: «Frauen sind eben unpünktlich.»

Inzwischen haben Sie ausreichend Menschenkenntnis, um diese Vorurteile als solche zu erkennen. Dass Sie es nicht schaffen, Ihren Partner so zu ändern, dass man ihn in einer Beziehung ertragen kann, liegt nicht an der Lernunfähigkeit des Partners, sondern daran, dass die meisten Veränderungsversuche untauglich sind.

### Wie ändere ich meinen Partner?

Überhaupt nicht. Sie können das nicht. Das kann niemand.

Die Sowjets gaben jahrzehntelang Millionen Rubel aus, um per Gehirnwäsche den «Sowjetmenschen» zu schaffen. Linientreu, ehrlich, arbeitsam, gehorsam. Ivan Pavlov entwickelte dabei die klassische

Konditionierung. Doch auch er fand nicht heraus, wie man einen Menschen ändert. Wenn die Sowjets das mit Millionensummen und den besten Wissenschaftlern nicht schafften, schaffen Sie es auch nicht. Das haben Sie sicher schon bemerkt. Warum ist das nicht zu schaffen?

## Warum man Menschen nicht ändern kann

Verhaltensmuster sind kurzfristig so unabänderlich wie die Augenfarbe.

Sie können einen passionierten Weintrinker vielleicht mit viel Aufwand, gutem Zureden und großer Ausdauer so «verändern», dass er ab und zu auch ein Pils mittrinkt – aber zum Pilstrinker wird er deshalb noch lange nicht. Er wird ein Weintrinker bleiben,

* der Ihnen immer leicht böse sein wird, dass Sie ihn zu etwas missioniert haben, was er nicht will und nicht braucht;
* dessen «Umerziehung» Sie eine Unmenge Zeit und Nerven gekostet hat, ohne dass dabei etwas Vorzeigbares herausgekommen wäre – Sie haben ihn nicht geändert.

Es gibt zwar Menschen, die versuchen noch am Tag der goldenen Hochzeit, den Partner zu ändern. Doch das ändert nichts an der Tatsache, dass das nicht funktioniert. Wenn etwas nicht funktionieren kann, funktioniert es auch dann nicht besser, wenn man es jahrelang probiert.

## Beziehungstipp

Hören Sie auf, Ihren Partner ändern zu wollen. Das kostet Sie beide viel Zeit und Nerven und bringt außer Ärger nicht viel. Sie können nicht gegen die Verhaltensmuster Ihres Partners kämpfen. Sie können ihn nicht ändern. Sie können lediglich lernen, mit ihnen zu leben.

Ein Bekämpfen von Verhaltensmustern, also ein Gegeneinander funktioniert in Beziehungen nicht wirklich. Das Miteinander funktioniert

besser. Leider haben die meisten von uns nie gelernt, wie dieses Miteinander funktioniert. Kein Wunder. Im Eheseminar wird so etwas
nicht gelehrt, und die Eltern sind in der Regel kein besonders gutes
Vorbild dafür. Deshalb betrachten wir im Folgenden eine einfache
Methode mit vier Schritten, in Beziehungen besser miteinander auszukommen.

## Flash back – Erste Hilfe für Beziehungsfrust

Was heißt das nun: sich besser auf die Verhaltensmuster des Partners
einzustellen? Das ist ganz simpel. Wenn Sie sich mal wieder über Ihren Partner ärgern, stellen Sie sich zwei einfache Fragen:
1. Genau welches Verhalten regt mich gerade auf?
2. Ist es nicht das Verhalten, das mich damals faszinierte?

In einer verblüffenden Mehrzahl der Fälle werden Sie – bei einer ehrlichen Antwort – auf Frage 2 mit Ja antworten. Das ist gerade das
Vertrackte an Beziehungen: Was wir besonders nervig am Partner finden, ist genau das, was wir «damals» so attraktiv an ihm fanden.
Wiederbeleben Sie dieses Gefühl!

### Erste Hilfe für verletzte Gefühle

Wenn Sie sich über den Partner ärgern, betrachten Sie ihn mit dem Blick von
damals: «Genau das hat mich vor ... Jahren so an ihm/ihr fasziniert!»

Sie werden Erstaunliches erleben: Der Beziehungsfrust nimmt sofort
deutlich ab! Sie werden versöhnlicher gestimmt. Denn die ursprünglichen guten Gefühle von damals sind alle noch da! Sie haben lediglich geschlummert, begraben unter einer Decke von Alltagsproblem-
chen. Mit der Zeit konzentriert man sich nämlich unbewusst und
automatisch so auf die «Fehler» des anderen, dass man die ursprüng-
liche Faszination schlicht vergisst. Psychologen nennen das selektive

Wahrnehmung: Wer nur noch Fehler wahrnimmt, fühlt sich auch nur noch gestresst! Deshalb erleichtert es so, wenn Sie den ursprünglichen Gefühlen wieder auf die Sprünge helfen. Das funktioniert übrigens auch in Partnerhilfe: «Musst du dich auf Partys immer so produzieren?»

«Gib zu, das war es doch, was du damals so an mir mochtest. Weißt du noch, wie du mich genannt hast? Mein kleiner Partylöwe.»

Wenn der Partner nicht von selbst auf die guten alten Gefühle kommt, dann erinnern Sie ihn doch einfach sanft (vorwurfsfrei!) daran.

Dieses Erinnern und Wachrufen der alten schönen Gefühle, der immer noch vorhandenen Attraktivität nimmt dem Beziehungsstress sofort den Stachel und macht gute Laune. Mit dieser guten Laune fällt es Ihnen leicht, den nächsten Schritt in Richtung auf eine stressfreie, harmonische Beziehung zu tun.

## Der zweite Schritt: Akzeptanz

Wenn Sie sich daran erinnern, dass Ihr Frust von heute in Wahrheit die Faszination von damals ist, fällt Ihnen die über jedes Beziehungsglück entscheidende Erkenntnis leicht:

### Akzeptanz ist der Schlüssel zum Beziehungsglück

Wenn Sie sagen oder denken können: «So ist mein ... nun mal!», fühlen Sie förmlich die Erleichterung und wie es in der Beziehung aufwärts geht.

Akzeptanz hält jede Beziehung in Schwung. Keine Beziehung funktioniert ohne Akzeptanz. «Nun sei doch nicht immer so unordentlich!» «Reiß dich mal zusammen!» «Du bist immer so empfindlich!» Das weiß sie selbst am besten. Das will sie nicht mehr hören – weil es übersetzt heißt: «Ich akzeptiere dich nicht! Ich will dich gegen deinen Willen ändern!» Sobald er solche Appelle äußert, schaltet sie innerlich ab oder fährt (berechtigt) aus der Haut. Der Beziehung tut das nicht gut. Sie möchte einfach nicht, dass er ihr ihre Verhaltensmuster zum Vorwurf macht. Das ist gerade so, als ob er ihr ihre blauen Augen vorwirft. Das will sie nicht. Was sie dagegen will: Dass er endlich damit aufhört, ihr das vorzuhalten, was sie ist, und dass er sie endlich akzeptiert, so, wie sie ist!

## Warum wir Beziehungen haben

Einer der größten Wünsche jedes Partners in einer Beziehung ist, so akzeptiert zu werden, wie er oder sie ist.

Wer am Partner herummeckert, ihn ändern will, ihm sein Verhalten vorwirft oder an ihm herumkritisiert, ignoriert dieses Grundbedürfnis. Das muss der Partner übel nehmen. Die Beziehung leidet. Deshalb ist Akzeptanz der Schlüssel zum Glück in jeder Beziehung: Familie, Beruf, Kunden, Kinder ... Akzeptanz ist eines der Grundbedürfnisse jedes gesunden Menschen. Wir alle wollen zuerst und zuvorderst akzeptiert werden. Und ausgerechnet in einer Beziehung sollen wir das nicht bekommen? Akzeptanz ist der Dünger des zarten Beziehungspflänzchens. Je mehr davon, desto besser läuft die Beziehung – für alle Beteiligten!

Bitte verwechseln Sie Akzeptanz nicht mit Laisser-faire oder Resignation. Wenn er ständig die Kühlschranktür offen lässt, dann sollen Sie das nicht resigniert gutheißen – denn das ist nicht gut und das wird er, wenn Sie ihn in einer ehrlichen Minute erwischen, auch nicht ernsthaft behaupten. Sie sollen keine *Versäumnisse* akzeptieren, sondern *Verhaltensmuster*. Akzeptieren Sie zum Beispiel, dass es einem spontanen Visionär (NP) eben nicht so leicht fällt wie einem pragmatischen Ordnungsmenschen (SJ), die Dinge des täglichen Lebens in makelloser Ordnung zu halten.

### Akzeptieren statt ändern

Ändern Sie Verhaltensmuster nicht. Akzeptieren Sie sie. Sobald Sie sie akzeptiert haben, können Sie gemeinsam überlegen, wie Sie mit diesen Verhaltensmustern gemeinsam besser zurechtkommen.

Ein Ehepaar löste das Kühlschrankproblem einmal auf ungewöhnliche Weise: Da er es sich einfach nicht angewöhnen konnte, die Kühlschranktür zu und die Lichter in den Zimmern auszumachen, versprach er ihr für jedes dieser Versäumnisse einen Kuss. Das ist gewiss nicht die Musterlösung für jede Beziehung. Doch diese beiden fanden und finden das eine prima Lösung. Er ließ immer noch hin und wieder die Lichter in leeren Räumen brennen. Doch beide kamen damit viel besser zurecht. Sie merkte bei jedem Kuss, dass er sie mit seiner Vergesslichkeit nicht persönlich meinte, und er war froh, nicht ständig ihre Vorhaltungen hören zu müssen.

Das wissen Sie alles längst? Kein Wunder, das steht ja auch in jedem Buch, jedem Zeitschriftenbeitrag über Beziehungen: Akzeptanz ist alles. Trotzdem fällt es den meisten von uns oft sehr schwer, diese Akzeptanz aufzubringen: Da hilft der dritte Schritt.

## Der dritte Schritt: Sehen Sie die positive Absicht!

Akzeptanz ist eine der schwersten Übungen in jeder Partnerschaft. Sie ist umso schwieriger, je stärker Ihr Partner Sie gerade aufregt. Es fällt eben schrecklich schwer, über den eigenen Schatten zu springen. Machen Sie sich deshalb keine Selbstvorwürfe à la: «Ich liebe ihn/sie nicht genug, sonst könnte ich ihm/ihr verzeihen und ihn/sie so akzeptieren, wie er/sie ist!» Solche Vorwürfe sind Unfug. Es wäre nicht normal, wenn Sie jedes störende Verhalten Ihres Partners auf Anhieb akzeptieren könnten. Das wäre übermenschlich! Normal und menschlich ist dagegen, dass es uns manchmal schwer fällt, den anderen so zu akzeptieren, wie er oder sie ist. Deshalb schließen wir oft daraus:

«Es geht eben nicht. Ich kann ihn/sie nicht akzeptieren. Wir müssen uns trennen!» Das ist ein Fehlschluss.

## Akzeptanz leicht gemacht

Dass Akzeptanz in der Regel schwer fällt, heißt nicht, dass Sie deshalb aufgeben, sondern dass Sie es sich leichter machen sollten!

Eine der besten Methoden, den anderen leichter und schneller zu akzeptieren, ist ein kleiner Zaubertrick:

## Der Zaubertrick der Akzeptanz

Wenn Sie sich über den Partner aufregen, fragen Sie sich: Was ist seine/ihre positive Absicht hinter seinem/ihrem Verhalten?

Diese simple Frage ergibt verblüffende Antworten. Betrachten wir acht typische Beispiele für die acht typischen Verhaltensmuster.

| Typische Aufreger | Die positive Absicht dabei |
|---|---|
| «Du bist so ein Stubenhocker!» | Er (!) ist um ein schönes, gemütliches Zuhause bemüht und liebt sie von ganzem Herzen. Denn immerhin möchte er mit *ihr* zusammen zu Hause sein! |
| «Meine Frau ist so eine Quasselstrippe. Ich habe keine ruhige Minute daheim!» | Extravertierte reden nicht, um zu nerven. Vielmehr möchten sie damit die Beziehung pflegen und den anderen auf dem Laufenden halten. Das ist ihr Liebesbeweis! |

| Typische Aufreger | Die positive Absicht dabei |
|---|---|
| «Egal, was ich sage, du findest immer ein Haar in der Suppe!» | Realisten (S) achten sehr darauf, dass nichts übersehen wird, um damit den Partner vor Ärger, Fehlern und Enttäuschungen zu bewahren. Natürlich schießen sie manchmal übers Ziel hinaus, doch die Absicht ist liebevoll! |
| «Du willst immer das Unmögliche, das Vollkommene – aber das gibts nicht im wirklichen Leben!» | Visionäre (N) lieben ihren Partner so sehr, dass sie für ihn das ultimative Glück auch in der Zukunft wollen. Deshalb bauen sie so viele hochfliegende Wolkenschlösser! Sie wollen, dass es ihm auch in der Zukunft gut geht. |
| «Du bist immer so empfindlich. Du nimmst immer alles persönlich.» | Warum? Weil der Partner (F) eine so feine Antenne für das Emotionale hat und nur eines möchte: Dass es in der Beziehung jedem wirklich gut geht und keine Gefühle verletzt werden. |
| «Du bist ein alter Prinzipienreiter. Mach doch mal eine Ausnahme!» | Kopfmenschen (T) möchten, dass alle stets fair und gerecht behandelt werden, niemand diskriminiert wird – eine edle und humane Absicht. |
| «Du musst immer vorschnell urteilen, bevor du die Sache bis zu Ende gehört hast!» «Gestern sagst du so, heute so – was gilt denn nun?!» | Der Organisierer (J) möchte damit einfach schnellstmögliche Klarheit schaffen, damit man weiß, woran man ist. Dieser flexible Partner (P) möchte das Beste für Sie: Er hält alle Optionen offen, denn man könnte ja etwas übersehen haben, zum Beispiel die allerbeste Lösung! |

**Absichten sind immer positiv**

Bauen Sie darauf: Wann immer der Partner Sie irritiert, steckt eine (in seinen Augen!) positive Absicht dahinter. Entdecken Sie sie!

Wenn Sie die positive Absicht nicht auf Anhieb erkennen, bedeutet das nicht, dass keine vorliegt, sondern dass Sie ein wenig genauer nachschauen müssen. «Da hat er sich nichts dabei gedacht!», «Sie will mich nur ärgern!» Das stimmt eben nicht. Der Partner hat sich immer etwas dabei gedacht und immer etwas Positives – aus *seiner Sicht* Positives! Und jemandem mit einer positiven Absicht kann man nicht wirklich böse sein. Er oder sie meints ja nur gut! Auf seine oder ihre Weise will er oder sie nur das Beste für Sie!

# Der vierte Schritt:
# Schauen Sie auf das Ergänzende!

Mit dem folgenden, vierten Schritt steigt Ihr Verständnis für den Partner noch einmal; Ihre Beziehung bessert sich weiter. Wenn Sie ein bestimmtes Verhalten an ihm nervt, halten Sie ganz bewusst inne und suchen Sie das Ergänzende hinter dem Störenden. Sagen Sie sich zum Beispiel:

* «Okay, es stört mich gerade, dass er es wieder viel zu genau nimmt. Aber welche Ergänzung steckt hinter diesem Verhalten? Dass er mit seiner Penibilität (S) jedes Jahr meine Steuererklärung macht! Als Visionär (N) kann ich das nicht so gut – an diesem Punkt ergänzt er mich wunderbar!»
* «Sie macht mich wahnsinnig mit ihrer Planlosigkeit! Andererseits hätten wir im Urlaub nie dieses entzückende Landhotel gefunden, wenn sie nicht spontan (P) links statt rechts abgebogen wäre. So spontan bin ich (J) nie – mit diesem Talent ergänzt sie mich.»
* «Zugegeben, seine Gefühlsarmut enttäuscht mich manchmal. Doch wenn ich vor Stress fast verrückt werde, ist er der Fels in der

Brandung (T) und hält mich (F) über Wasser. Diese Ergänzung ist gut für mich.»

## Warum es Beziehungsarbeit heißt

Es ist manchmal schwer, hinter das Nervende zu blicken und das Ergänzende zu finden. Es kostet etwas Energie. Es ist daher eine Investition in die Beziehung. Diese Investition lohnt sich. Immer.

Ihr Partner ergänzt Sie. Erinnern Sie sich oft genug daran. Denn im Beziehungsalltag gerät diese wertvolle Ergänzung oft in Vergessenheit. Lassen Sie nicht zu, dass schlichte Vergesslichkeit Ihre Beziehung runterzieht!

# Das Preis-Leistungs-Verhältnis einer Beziehung

Es gibt eine weitere Methode, besser mit dem Partner zurechtzukommen: Machen Sie das Preis-Leistungs-Verhältnis auf. Das hört sich zunächst seltsam an, ist aber recht einfach: Wenn Sie hinter dem, was Sie am Partner nervt, die positive Absicht (Schritt 3) und das Ergänzende (Schritt 4) gefunden haben, dann wiegen Sie beide Seiten einfach gegeneinander auf.

Thomas zum Beispiel beklagt sich häufig darüber, dass er Verena kaum noch zu Gesicht bekommt: «Sie tanzt quasi auf allen Hochzeiten gleichzeitig!» Thomas beschließt, sich nicht länger darüber zu ärgern, sondern die positive Absicht dahinter zu finden: «Sie möchte, dass was los ist in unserer Beziehung – schließlich will sie mich bei vielen Unternehmungen dabei haben!» Außerdem bemüht sich Thomas, die Ergänzung in Verenas Verhalten zu sehen: «Ihre offene, gesellige und charmante Art hat mich immer schon fasziniert. So offen bin ich einfach nicht. Mit ihr zusammen sehe ich viel mehr von der Welt. Außerdem ist sie der Mittelpunkt jeder Party – und das genieße ich auch. Dass sie gerade deshalb nicht jeden Abend Zeit für mich hat, ist eben der Preis, den ich dafür bezahle. Ich bezahle ihn gerne.» Warum? Weil das, was Thomas von der Beziehung hat (die positive Absicht und das Ergänzende) ihm viel mehr bedeutet als der Preis, den er dafür bezahlt. Sie halten das für eine ziemlich unterkühlte Art, Beziehungen zu bewerten? Gut erkannt. Thomas ist Kopfmensch (T). Das Preiskalkül ist für ihn eine verhaltensmusterkonforme Denk- und Beziehungshilfe.

Menschen, die eher aus dem Bauch heraus entscheiden, formulieren das Preiskalkül auch emotionaler. Jutta, die in einer vergleichbaren Situation steckt, ist sehr gefühlsorientiert und sagt über Horst: «Ich mag es nicht, dass er so oft weg ist. Aber gerade wegen seiner offenen und kontaktfreudigen Art mag ich ihn. Ich möchte nicht, dass er das ändert, was ich an ihm mag (Ergänzung). Das ist es mir nicht wert (der Preis). Wir schaffen es auch irgendwie anders, dass wir künftig öfter zusammen sind.» Das ist eine eher bauchmäßige, gefühlsorientierte Formulierung für das Preis-Leistungs-Verhältnis. Wägen Sie einfach beide Gefühle gegeneinander ab, den Preis und die Gegenleistung – welches wiegt schwerer? In dieser Hinsicht können Sie sich auf Ihre Gefühle verlassen.

# Miteinander auskommen:
# Die Dinge gemeinsam ändern

Betrachten wir ein kleines Beziehungsbeispiel. Petra ist ein eher häuslicher Typ (I). Das von ihr selbst eingerichtete Reihenhäuschen ist ein Schmuckstück. Sie ist seit zwei Jahren mit Klaus verheiratet, einem waschechten ESFP. In letzter Zeit klagt sie ihren Freundinnen häufiger: «Er nimmt sich einfach viel zu wenig Zeit für die Kinder!» Weil sie sich inzwischen «selbst nicht mehr jammern hören kann», macht sie Beziehungshilfe im Tango-Takt (wie oben beschrieben):

1. Blick zurück: «Natürlich nervt es mich, dass er ständig auswärts ist. Aber seine offene und unkomplizierte Art war es, die mich vom ersten Augenblick an für ihn einnahm.»

2. Akzeptanz: «Er ist nun mal ein sehr extravertierter Mann. Ich kann ihn nicht einsperren. Selbst wenn er sich zusammenreißt und zu Hause bleibt, macht ihn das auf Dauer nicht glücklich, das sehe ich doch.»

3. Positive Absicht: «Er möchte einfach Leben in unsere Beziehung bringen.»

4. Das Ergänzende: «Wenn er mich und die Kinder an den Wochenenden nicht einfach ins Auto packen würde, würden wir kaum aus den eigenen vier Wänden rauskommen. Ich bin einfach nicht so unternehmungslustig.»

Nach dieser Beziehungsklärung geht es Petra schon viel besser. Sie hat sich innerlich mit Klaus versöhnt und findet ihn nun wieder wie damals unwiderstehlich. Ganz entscheidend ist, dass Petra an diesem Punkt nicht aufhört – denn sonst zahlt sie langfristig drauf! Sonst ist sie die Dumme in der Beziehung, die in diesem Punkt den Kürzeren zieht – ganz zu schweigen von den Kindern.

## Akzeptanz plus

Akzeptieren Sie das Verhaltensmuster des Partners – dann besprechen Sie gemeinsam, wie Sie beide besser damit zurechtkommen können.

Denn es ist eine Sache, wenn Petra Klaus' Extraversion akzeptiert. Es ist eine ganz andere Sache, dass ein Familienvater und Beziehungspartner nicht fünf Tage die Woche feierabends die Flatter machen kann. Extraversion ist ein Verhaltensmuster und keine Generalentschuldigung! Klaus muss einfach mehr Zeit mit der Familie verbringen. Das weiß er selbst nur zu gut. Er hat auch ein schlechtes Gewissen deshalb und wirft sich oft vor: «Du musst einfach mehr Zeit mit den Kindern verbringen!»

Dass diese Selbstvorwürfe nicht funktionieren, ahnt er nur. Einem spontanen Extravertierten (PE) verbietet man nicht so einfach Spontaneität und Extraversion – auch er selbst kann sich das nicht erfolgreich verbieten! Man kann nicht *gegen*, sondern nur *mit* den Verhaltensmustern leben. Also fragen sich Petra und Klaus: Wie kann Klaus seiner Geselligkeit frönen und trotzdem mehr Zeit mit der Familie verbringen? Sie finden heraus: Indem er zum Beispiel so oft wie möglich beides verbindet. Seither nimmt er die Kinder zu etlichen seiner Exkursionen einfach mit. Während er mit den Kumpels zum Beispiel Oldtimer zusammenbaut, spielen die Kinder in der Spielecke der Garage. Seit Klaus seine Bälger mitbringt, machen das einige seiner Kumpels übrigens auch ...

### Eingehen statt einengen

Je besser Sie die Verhaltensmuster Ihres Partners erkennen und darauf eingehen können, desto besser wird Ihre Beziehung.

Wer flexibel genug ist, auf die Verhaltensmuster des Partners einzugehen, steuert seine Beziehung. Deshalb sagen Psychologen auch: Das flexiblere Element steuert das System. Manchmal hat man das Gefühl, dass man gezwungenermaßen flexibel sein muss, während der andere uneinsichtig ist: Man investiert quasi einseitig in die Beziehung, während der andere sein Verhaltensmuster durchzieht. Manche finden das einseitig und ungerecht. Der Clou dabei ist: Das ist nur am Anfang so – denn sobald die einseitige Investition Früchte trägt, werden Sie für Ihre Mühe zehnfach belohnt! Das ist der große Beziehungstrick: Wer immer wieder ein wenig investiert, wird bereits nach kurzer Zeit überreichlich belohnt. Vor allem: Der Partner lernt schon recht bald, es Ihnen nachzutun. Wenns einer vormacht, lernt der andere immer noch am schnellsten.

# Nachwort

Sie werden schon bemerkt haben, wie Ihre Menschenkenntnis während der Buchlektüre gewachsen ist: Sie sehen die Menschen mit anderen Augen, verstehen sie besser und werden von ihnen besser verstanden, behandeln sie anders und werden von ihnen anders behandelt. Sie kommen besser mit ihnen klar und kommen auch besser an.

Diese Fähigkeit wird in den nächsten Wochen weiter wachsen. Umso stärker, je stärker Sie sie pflegen, indem Sie sie anwenden. Lassen Sie einfach im Alltag Ihre Menschenkenntnis spielen und schärfen Sie Ihren Blick durch die Röntgenbrille, indem Sie hin und wieder Ihr Wissen auffrischen. Sie können das im stillen Kämmerlein machen, indem Sie einige Buchseiten nachschlagen. Sie können das aber auch in einem guten Menschenkenntnisseminar mit anderen Gleichgesinnten tun. Wofür auch immer Sie sich entscheiden, Sie können auf unsere Unterstützung bauen. Kontaktieren Sie uns einfach, wenn Sie uns brauchen. Sie erreichen uns bei

Stöger & Partner
Gesellschaft für Personalentwicklung
Poinger Straße 44
85570 Markt Schwaben
Tel. ++49 (0) 81 21/4 14 20
e-mail: buero@stoegerpartner.de
www.stoegerpartner.de

# Anhang: Muster-Überblick und Top Ten

Hier finden Sie die Basis der Menschenkenntnis, die Verhaltensmuster, auf einen Blick zusammengefasst. Sie werden Ihnen am schnellsten vertraut, wenn Sie sie kopieren oder heraustrennen und quasi als Spickzettel für Ihre Menschenkenntnis immer in der Nähe haben, um einen Blick darauf werfen zu können. Das gilt auch für die Top Ten der Menschenkenntnis, die Sie ganz am Ende des Anhangs finden.

### Introvertierte Menschen (I)

- beobachten lieber das Geschehen, als mittendrin zu sein. Sie pflegen weniger, dafür intensive Kontakte zu anderen Menschen.
- behandeln Sie am besten nach dem Schildkröten-Prinzip: Wenn sie den Rückzug ins stille Kämmerlein brauchen, gewähren Sie ihnen das! Geben Sie ihnen viel Zeit, mit neuen Kontakten «warm» zu werden.
- sprechen Sie am besten ruhig und überlegt an. Drängen Sie sie nicht zur Antwort, geben Sie ihnen viel Zeit zum Nachdenken.
- motivieren Sie am besten, indem Sie für jede Aufgabe ausreichend (je nach Grad der Introversion!) Rückzugsmöglichkeiten anbieten. Das gilt auch für die Selbstmotivation!
- wünschen auch in der Beziehung ausreichend Rückzugsmöglichkeiten. Reden Sie viel mit ihnen (I hören gerne zu) und lassen Sie sie dabei viel schweigen (I schweigen gerne).

### Extravertierte Menschen (E)

- sind gerne mittendrin im Geschehen und kennen Gott und die Welt.
- lassen Sie am besten viel reden (sie denken beim Reden) und geben Ihnen ausreichend (je nach Intensität der Extraversion) Freiraum für ihre Exkursionen und Bekanntschaften.
- sprechen Sie am besten mit Nachdruck an, sonst kommen Sie nicht zu Wort oder dringen mit Ihrem Standpunkt nicht durch.
- motivieren Sie am besten, indem Sie ihnen ausreichend Möglichkeiten

der Selbstdarstellung und ausreichend Kontaktmöglichkeiten geben. Das gilt auch für die Selbstmotivation!

- benötigen auch in der Beziehung Freiraum für viele Kontakte. Nehmen Sie die Vielzahl der Kontakte nicht zum Anlass für Eifersucht (es sei denn, sie wäre faktisch begründet). Sehen Sies positiv: Extravertierte bringen Schwung in die Beziehung!

## Realisten (S)

- vertrauen auf gemachte Erfahrungen (daher ihr Hang zum Bewährten, Traditionellen) und benötigen Informationen nacheinander in kleinen Häppchen (sonst fühlen sie sich überfordert).
- setzen Sie deshalb am besten auf Vertrautes, Routine an. Achten Sie ihre Erfahrungen, Gründlichkeit und Faktenkenntnis.
- sprechen Sie am besten konkret, pragmatisch, praktisch, in kleinen Gedankenschritten an – und immer erfahrungsbezogen.
- motivieren Sie durch häppchenweise Information, gut vorstrukturierte Aufgaben und die Möglichkeit, eins nach dem anderen zu erledigen. Das gilt wie immer auch für die Selbstmotivation!
- legen in der Beziehung Wert auf die kleinen, konkreten Dinge des Lebens, sie schätzen kleine, praktische Aufmerksamkeiten. Sie sind selbst Realist? Dann erklären Sie dem Partner doch mal Ihre Neigung.

## Visionäre (N)

- denken ans große Ganze («systemisch») und die Zusammenhänge zwischen den Dingen.
- langweilen Sie mit Details – geben Sie ihnen lieber den großen Überblick und die Auswirkungen auf Elemente und Beteiligte.
- sprechen Sie am besten mit großen, groben Gedanken (eben Visionen) an, frei von Detailballast. Reden Sie so oft wie möglich von den relevanten Zusammenhängen.
- motivieren Sie, indem Sie zeigen, wie das, was Sie von ihnen möchten,

mit allem anderen zusammenhängt und was dessen Bedeutung und Auswirkung auf das große Ganze ist.

- fühlen sich in der Beziehung wohl, wenn Sie ihre romantischen Träumereien zulassen, sie jedoch manchmal sanft, aber dezidiert auf den Boden der Tatsachen zurückholen. Falls Sie selbst Visionär sind: Erklären Sie das dem Partner doch mal.

## Bauchmenschen (F)

- entscheiden am liebsten gefühlsbetont, scheuen offene Konflikte.
- behandeln Sie am besten mit viel Rücksicht auf ihre Gefühle.
- sprechen Sie mit wohlbedachten Worten an, denn sie nehmen offene Worte schnell persönlich. Sprechen Sie emotional, um anzukommen; zum Beispiel «ich» statt «man».
- motivieren Sie mit einer guten Beziehung, gutem Klima, emotionalen (nicht so sehr vernünftigen) Gründen und vor allem Motiven, die sie persönlich berühren: Ein F braucht den gefühlsmäßigen Nutzen: Was habe ich gefühlsmäßig davon?
- gestatten Sie in der Beziehung am besten ihre große Emotionalität, bringen Verständnis dafür auf. Nehmen Sie ihnen die sachlogisch-knochentrockenen Angelegenheiten auch mal ab.

## Kopfmenschen (T)

- haben auch Gefühle, entscheiden jedoch eher nach Vernunft und halten sich stark an Prinzipien und Grundsätze.
- behandeln Sie am besten sachlich, britisch unterkühlt, und indem Sie auf ihre Prinzipien prinzipiell eingehen.
- sprechen Sie am besten sachlich, fachlich, vernünftig an, sich auf solide Prinzipien berufend. Meiden Sie emotionale Sprache.
- motivieren Sie mit ZDF: Zahlen, Daten, Fakten; eben mit allen vernünftigen, belegbaren, hieb- und stichfesten Gründen und vor allem, indem Sie auf ihre Prinzipien eingehen.
- sind gute Beziehungspartner, sobald Sie ihre relativ kleinen Zeichen der

Wertschätzung und Hinwendung (das Funkeln in den Augen, das anerkennende Nicken) schätzen lernen.

## Organisatoren (J)

- sind ordnungsliebend und gut strukturiert und schnell mit einem Urteil, einer Entscheidung zur Hand.
- begegnen Sie am besten, indem Sie auf ihre Ordnung der Dinge eingehen und sie viel entscheiden lassen.
- sprechen Sie am besten mit Checklisten, Tabellen, Plänen und Diagrammen an; verbal sauber durchgegliedert.
- motivieren Sie mit einer klaren Struktur, einem guten Plan und indem Sie ihnen viele Möglichkeiten zu Entscheidungen und Urteilen geben. Fremde Entscheidungen akzeptieren sie nur, wenn Sie ihnen die Ordnung dahinter zeigen.
- sollten Sie in der Beziehung viele Entscheidungen fällen lassen. NJ schätzen vor allem große Entscheidungen. SJ schätzen eher kleine Entscheidungen.

## Flexible, Spontane (P)

- halten sich gern stets nach allen Seiten offen, um immer ganz spontan sein zu können.
- sollten Sie nicht zu Entscheidungen drängen. Gewöhnen Sie sich daran, dass ihnen immer noch zwanzig andere Möglichkeiten einfallen.
- sprechen Sie am besten weitgehend urteilsfrei an, offen für alle Möglichkeiten, flexibel in Standpunkt und Formulierung.
- motivieren Sie, indem Sie ihnen viel Flexibilität und Freiraum geben. Falls Sie dennoch eine rasche Entscheidung brauchen: Lassen Sie Hintertürchen oder spätere Nachbesserungen offen.
- legen sich in Beziehungen lange nicht fest – geben Sie ihnen diese Zeit! Jeder P hat einen bestimmten Zeitpunkt, an dem er sich festlegt. Drängen nützt da nichts, im Gegenteil!

**Die Top Ten der Menschenkenntnis:**

1. Schauen Sie genau hin! Weniger interpretieren – mehr wahrnehmen: Wie ist mein Gegenüber wirklich? (s. Kapitel 2, Matrix der Verhaltensmuster).
2. Jeder Mensch handelt nach ganz bestimmten Mustern – kennen Sie diese vier Muster, kennen und verstehen Sie den Menschen (s. Kapitel 3).
3. Erkennen Sie das Persönlichkeitsprofil von Kindern so früh wie möglich und fördern Sie sie entsprechend ihrem Profil (s. Kapitel 3).
4. Hören Sie auf das, was ein Mensch sagt, aber noch mehr darauf, wie er es sagt: Diese Botschaft ist wichtiger. Welche Verhaltensmuster zeigt sie an?
5. Sprechen Sie die zu seinem Muster passende Sprache – und Sie kommen bei jedem Menschen gut an (s. Kapitel 4).
6. Menschen sind dafür motiviert, was ihnen wichtig ist. Was ihnen wichtig ist, verraten ihre Verhaltensmuster. Geben Sie ihnen, was ihnen wichtig ist, und sie werden motiviert Ihre Wünsche erfüllen! (s. Kapitel 5).
7. Entdecken Sie in jeder Aufgabe, was Ihnen wichtig ist, oder bringen Sie es hinein – und Sie werden sich stets selbst bestens motivieren können!
8. Je besser Sie auf die Muster Ihres Partners eingehen, desto besser wird Ihre Beziehung (s. Kapitel 6).
9. Entdecken Sie die positive Absicht und die Ergänzung zu Ihren Mustern hinter jedem Verhaltensmuster! (s. Kapitel 7)
10. Menschen zu durchschauen und auf ihre Verhaltensmuster einzugehen – das ist Menschenkenntnis!

Weitere Titel aus dem Orell Füssli Verlag

**Mehr Spannkraft fürs Leben!**

Gabriele Stöger / Mona Vogl

# Den eigenen Akku aufladen

## Schnell zu neuer Energie und Lebenskraft

Je mehr man uns stresst und treibt, je schneller wir arbeiten und je mehr wir leisten müssen (oder wollen), desto stärker setzen wir uns unter Druck. Unser Akku wird pausenlos angezapft und leergefahren – und so fühlen sich die meisten Menschen auch: gestresst, überfordert, ausgepowert, urlaubsreif.

Gabriele Stöger und Mona Vogl lehren die Kunst des Aufladen in fünf Kapiteln, die
- mit den häufigsten Energieräubern aufräumen – damit der Akku erst gar nicht entladen wird.
- wieder Spass auch in die ödeste oder stressigste Arbeit bringen – denn wer Spass hat, hat auch Energie.
- den Akku-Killer Nr. 1 unserer modernen Welt beseitigen: diese elenden, kraftraubenden Konflikte mit dem Beziehungspartner, dem Chef, den Kindern, den bösen Kollegen und lästigen Kunden, ...
- den LeserInnen zeigen, was ihm wirklich gut tut – seltsamerweise haben das die meisten Menschen inzwischen vergessen.
- grosse und kleine Erholungstechniken für schnelle Erholung und tiefes Auftanken zu jedem Anlass und für jede Gelegenheit bieten.

178 Seiten, broschiert, ISBN 3-280-05024-3

**orell füssli** Verlag

**«Zu den aussichtslosesten Unterfangen gehört der Versuch, vor sich selbst davonzulaufen»**

*Raymond Chandler*

Gabriele Stöger / Wilfried Reiter

# Alte Wunden heilen

**Warum bestimmte Probleme ständig wiederkehren und wie Sie sie in den Griff bekommen**

Wir alle schleppen alte Geschichten mit uns herum, die uns kaum mehr bewusst sind, uns aber nicht loslassen. Diese Probleme sabotieren ständig unseren Erfolg, unsere Zufriedenheit, unser Lebensglück – durch falsche Partner, die falschen Chefs, immer dieselben Probleme mit denselben Leuten ... All das frisst unheimlich viel Energie. Was tun? Wer diese alten Geschichten endlich bereinigt, fühlt sich danach einfach befreit. Manchen fällt der sprichwörtliche Stein vom Herzen. Gabriele Stöger und Wilfried Reiter zeigen Ihnen, wie Sie eine Menge neuer Energie für die wirklich wichtigen Dinge des Lebens freisetzen. Und Sie werden feststellen: Das Leben, von dem Sie insgeheim immer geträumt haben, ist nicht nur möglich, sondern machbar!

208 Seiten, broschiert, ISBN 3-280-02675-X

**orell füssli** Verlag